中国社会科学院国情调研重大项目

区域协调共潮起,绿色发展伴鹤飞

探秘高质量发展之路上的"射阳现象"

杜志雄 主编

中国社会科学出版社

图书在版编目（CIP）数据

区域协调共潮起，绿色发展伴鹤飞：探秘高质量发展之路上的"射阳现象"／杜志雄主编．—北京：中国社会科学出版社，2019.2
（地方智库报告）
ISBN 978－7－5203－3887－5

Ⅰ.①区…　Ⅱ.①杜…　Ⅲ.①区域经济发展—研究—射阳县　Ⅳ.①F127.534

中国版本图书馆 CIP 数据核字（2018）第 287918 号

出 版 人	赵剑英
责任编辑	王　茵
特约编辑	黄　晗
责任校对	闫　萃
责任印制	王　超

出　　版	中国社会科学出版社
社　　址	北京鼓楼西大街甲 158 号
邮　　编	100720
网　　址	http://www.csspw.cn
发 行 部	010－84083685
门 市 部	010－84029450
经　　销	新华书店及其他书店
印　　刷	北京明恒达印务有限公司
装　　订	廊坊市广阳区广增装订厂
版　　次	2019 年 2 月第 1 版
印　　次	2019 年 2 月第 1 次印刷
开　　本	787×1092　1/16
印　　张	15.25
插　　页	2
字　　数	195 千字
定　　价	65.00 元

凡购买中国社会科学出版社图书，如有质量问题请与本社营销中心联系调换
电话：010－84083683
版权所有　侵权必究

《探秘高质量发展之路上的"射阳现象"》课题组名单

主　　编　杜志雄

副 主 编　吕风勇

课题组成员　杜志雄　吕风勇　王新玲
　　　　　　姚　博　张彬斌

序　言

　　高质量发展已成为当前中国经济社会生活最基本的时代特征。党的十九大报告更是明确指出，中国经济已由高速增长阶段转向高质量发展阶段。不过，高质量发展并不单纯体现为路径特征，同时还体现为一种目标要求，即高质量发展并不是自动的，它还需要在顺应发展规律的情况下各类经济活动主体的自觉和主动。在这个意义上，高质量发展与创新、协调、绿色、开放、共享的"五大发展理念"是相辅相成的，"五大发展理念"是高质量发展的战略引领，高质量发展则是"五大发展理念"在实践中的集中体现。坚持新发展理念、推动经济社会高质量发展，已经成为全国人民的共识，并被贯彻落实到全国各地中国特色社会主义建设的具体实践中。

　　县域作为国民经济的基本单元，是推动经济社会高质量发展的主战场。消除贫困是经济社会发展的一个核心主题，而县域则集中了中国大多数的贫困人口。"三农"问题是另一个亟待解决的关键问题，而县域也正是"三农"问题的主要承载地。当前各地如火如荼推进中的扶贫攻坚战、乡村振兴战略，莫不是围绕着县域在展开。但是，县域对中国发展的战略意义并不仅在于此。县域也是全国人民的菜篮子、粮袋子，部分县域事实上还是中国重要制造业基地的梁柱子，并已成为承接全国产业转移、推动产业结构升级的新台子。由此可以看出，发展县域经济对实现全面小康、推进经济平稳健康发展、完成脱贫攻坚任务都具有十分重要的意义。

在新的历史时期，全国已经涌现出许多县域经济高质量发展的案例。《区域协调共潮起，绿色发展伴鹤飞——探秘高质量发展之路上的"射阳现象"》一书，就剖析了一个县域经济体——射阳的高质量发展之路。射阳隅居黄海之滨，是一方很神奇的土地，潮起潮落间，沧海桑田的故事在这里每天都在上演。近些年，射阳的世间变幻亦有几分类似。射阳作为昔日江苏沿海地区县域经济发展的排头兵，却在短短几年内沦落，由辉煌跌到低谷，令人唏嘘。但此后，射阳却又借助政治生态的重塑，坚定践行绿色发展理念和协调发展理念，聚焦实现城市、产业、交通三大突破，在短期内走出低谷并实现了经济社会的高质量发展，却又令人振奋。

射阳作为一个县域经济体，经济社会在短时期内经历了较大的跌宕起伏，最终却走上了绿色、协调的高质量发展之路，这一现象的背后，也必定隐藏着许多深刻的经验和教训。将之作为县域经济发展的典型样本进行深入剖析和阐释，并通过理论上的总结和提炼来探索县域经济发展的可能规律，使之成为全国县域经济发展的指导和借鉴，无疑也是一项非常重要而有意义的工作。杜志雄研究员主编的《区域协调共潮起，绿色发展伴鹤飞——探秘高质量发展之路上的"射阳现象"》一书，就是对这一工作的有益尝试。该书对"射阳现象"的表现、特征和本质进行了深刻总结，并对射阳的主要经验和典型做法给予了生动剖析，为我们完整地展现了一个高质量发展典型样本的形象。

正如该书所指出的，发展理念的正确引导、健康的政治生态、改革创新精神、经营机制完善的国有企业和强烈的民生关怀，是"射阳现象"之所以能发生的根本原因。恰恰在这些方面，射阳也带给我们许多有益的启示。这是因为，很多地方也曾经在这些方面下了不少功夫，但总归是差强人意，无法达到预定的发展目标。这中间，其实还隔着一个"怎么做"的问题。该书就用了相当的篇幅对射阳在绿色城市、绿色产业、绿色交通、美丽乡村、城市经营、民生保障、国有经济布局、全面从严治党等方面进行了详尽刻画，全方位阐释了各方要素是如何在经济社会发展系统中进行有机连接和有效沟通的。而这些，也都是"射阳现象"之所以会发生所不可或缺的要件。

在新的历史时期，城乡关系将出现重大调整，乡村振兴战略也必将取得丰硕的成果，县域经济大有可为。但这一切，仍离不开广大基层干部群众的艰苦奋斗和努力拼搏，离不开对全面改革开放的笃定坚持和倾力推动。我们期待着全国县域涌现出更多的高质量发展的鲜活案例，同样也期待着中国社会科学院的研究者们在深入进行国情调研的基础上，能够出版更多优秀的重大科研成果。

蔡 昉
中国社会科学院副院长

目 录

第一章 沧海桑田：今昔射阳的变与迁 ………………（1）
  一 射阳的历史变迁 ……………………………………（1）
  二 奋进中的射阳 ………………………………………（5）
  三 射阳的内在基因 ……………………………………（12）
    （一）独特优越的自然生态 …………………………（12）
    （二）开放创新的移民文化 …………………………（14）
    （三）艰苦奋进的红色基因 …………………………（16）

第二章 射阳现象：绿色崛起与协调发展 ……………（20）
  一 走近射阳：由射阳初印象到"射阳现象" …………（20）
  二 "射阳现象"的发生："V"形之变 …………………（22）
    （一）由辉煌到低谷——射阳怪现象 ………………（22）
    （二）由低谷到辉煌——不一样的轮回 ……………（22）
    （三）由乱而治——政治生态基础的重筑 …………（23）
  二 "射阳现象"的表现：绿色崛起和协调发展 ………（25）
    （一）绿色崛起与"射阳现象" ……………………（25）
    （二）协调发展与"射阳现象" ……………………（27）
  三 "射阳现象"的特征：速度之箭上的高质量 ………（30）
    （一）"射阳现象"特征之一：增速高 ……………（31）

(二)"射阳现象"特征之二：转型快 …………… (32)
(三)"射阳现象"特征之三：质量好 …………… (33)
四 "射阳现象"的本质：高质量发展的典型样本 ……… (35)
五 "射阳现象"的启示：为何是射阳？ …………………… (36)
(一)发展理念的正确引导是地方加快发展的
基本前提 ……………………………………………… (36)
(二)健康的政治生态是地方社会稳定和
经济突破的根本保障 ………………………………… (36)
(三)改革创新精神是地方寻求有效发展
路径的重要法宝 ……………………………………… (37)
(四)经营机制完善的国有企业是地方有序
城镇化的助力器 ……………………………………… (38)
(五)民生关怀是地方协调发展的原动力和
扩大内需的新引领 …………………………………… (38)

第三章 绿色城市：绘就生态宜居新港城 …………… (40)
一 稳固的发展基础 ………………………………………… (40)
二 绿色的生态环境 ………………………………………… (42)
(一)适宜的气候和生物多样性 ……………………… (42)
(二)面积广袤的国家级自然保护区 ………………… (43)
(三)优良的空气和纯净的水源 ……………………… (44)
(四)绿色城市的护航者——"263"行动 …………… (47)
三 健康的医养环境 ………………………………………… (48)
(一)公共医疗和卫生日益改善 ……………………… (48)
(二)"健康射阳"覆盖面不断扩展 …………………… (49)
(三)康养保障体系逐渐形成 ………………………… (51)
四 优质的教育环境 ………………………………………… (53)
五 舒适的居住环境 ………………………………………… (54)
(一)充足的休憩之所：公园和景点 ………………… (55)

（二）增收机会：不断增强的获得感 …………………… (56)
　　（三）国家卫生县城：干净整洁的家 …………………… (57)

第四章　绿色产业：培育低碳发展的新动能 ………………… (59)
一　发展新动能的新探寻 ………………………………… (59)
　　（一）基础稳固，蓄势待发 ………………………………… (59)
　　（二）再认形势，确立目标 ………………………………… (60)
　　（三）绿色引领，后发崛起 ………………………………… (61)
　　（四）紧扣高质量，开启新征程 …………………………… (62)
二　绿色农业：富民之基 ………………………………… (63)
　　（一）绿色高效农业渐成主流 ……………………………… (63)
　　（二）新型农民更多培育涌现 ……………………………… (65)
　　（三）"联耕联种"广获民心 ………………………………… (66)
　　（四）"产自射阳"逐年叫响 ………………………………… (67)
三　绿色工业：强县之源 ………………………………… (69)
　　（一）绿色能源开动生态马力 ……………………………… (69)
　　（二）传统工业整装转型发展 ……………………………… (71)
　　（三）新兴产业引领两化融合 ……………………………… (73)
四　现代服务业：再添新活力 …………………………… (76)
　　（一）全域旅游尽显海风河韵 ……………………………… (76)
　　（二）特色服务业拉伸富民杠杆 …………………………… (77)
　　（三）体系健全力保增产惠民 ……………………………… (78)

第五章　绿色交通：勾勒外通内畅的新格局 ………………… (79)
一　"公水铁空"搭建现代化综合交通主筋骨 …………… (79)
　　（一）高等级公路提增射阳发展新速度 …………………… (79)
　　（二）绿色干线扮靓美丽新射阳 …………………………… (80)
　　（三）通江达海扩宽开放发展新空间 ……………………… (82)
　　（四）水清河畅书写低碳港航新篇章 ……………………… (83)

(五)航空和铁路助力射阳新发展 …………………………(85)
二 市政交通低碳化为城市发展舒筋活络 …………………(87)
 (一)城市路网通畅便捷 ………………………………(87)
 (二)减排和绿化刷靓城市风光 ………………………(88)
三 农村交通便利化疏通全面小康的毛细血管 ……………(89)
 (一)四好农村路惠民畅心 ……………………………(89)
 (二)农村公交驶向同步小康 …………………………(90)

第六章 美丽乡村：奏响城乡协调的新旋律 ……………(92)

一 农村经济基础筑牢美丽乡村根基 ………………………(94)
 (一)农业稳产增收,种养结构优化 …………………(94)
 (二)耕种模式创新,机械作业高效 …………………(96)
 (三)农民增收提速,城乡差距收窄 …………………(97)
 (四)特色农业兴旺,重点基地涌现 …………………(98)
二 美丽乡村建设"规划先行" ………………………………(99)
 (一)建设示范点树立美丽标杆 ………………………(99)
 (二)分类施策推进康居工程 …………………………(100)
 (三)健全机制力推环境综治 …………………………(100)
 (四)特色小镇要求射阳特色 …………………………(102)
三 "五好"镇村阐释乡村内在之美 …………………………(102)
 (一)产业兴旺：特色农业彰显射阳魅力 ……………(103)
 (二)生态宜居：农村环境整治扮靓乡村"容颜" ……(104)
 (三)乡风文明：乡风文明浸润最美鹤乡 ……………(106)
 (四)治理有效：基层治理夯实平安乡村 ……………(109)
 (五)生活富足：兴业富民织就乡村新画卷 …………(110)
四 美丽乡村建设经验 ………………………………………(111)
 (一)产业结构升级壮大特色农业,建设宜农
   乡村 ………………………………………………(111)
 (二)大力提升农村人居环境,建设宜居乡村 ………(112)

（三）大力推进兴业富民，建设宜业乡村 …………………（113）
　　（四）大力发展休闲乡村旅游，建设宜游乡村 ……………（114）
　　（五）弘扬农村文明乡风，建设文化为魂的人文
　　　　　乡村 …………………………………………………（114）

第七章　十大策略：射阳绿色发展的主要经验 …………………（116）
　一　化危机为契机，秉"断代思维"创塑全新印象 …………（116）
　二　变劣势为优势，循"绿色理念"奋力后发崛起 …………（119）
　三　融盐城接上海，重构区域经济发展新格局 ……………（122）
　四　三大突破并施，勾勒有爱小城发展大空间 ……………（125）
　五　调整转型同步，筑实生态立县的产业基础 ……………（129）
　六　城乡深度融合，彰显新型城镇化的乡土色彩 …………（132）
　七　打破路径依赖，"无中生有"培育蓝色经济
　　　增长极 ………………………………………………………（135）
　八　聚焦民本民生，持续提升城乡精细化管理水平 ………（138）
　九　借力国有资本，激发城市经营财政增收潜力 …………（140）
　十　笃行改革创新，不断增强经济发展内生动能 …………（143）

第八章　改革创新：射阳绿色发展的典型做法 …………………（147）
　一　城市经营：夯实地方发展的财政基础 …………………（147）
　二　"一全员四托底"：扶贫攻坚的破解之道 ………………（150）
　三　全域旅游：绿色发展开启新征程 ………………………（153）
　　（一）全域旅游，探索绿色发展新路径 …………………（154）
　　（二）持续发力，创塑多元化旅游品牌 …………………（154）
　　（三）精心打造，叫响特色发展新名片 …………………（155）
　四　"厕所革命"：有爱小城绽放出文明之花 ………………（156）
　五　国企风采：城镇化进程中的国有企业新担当 …………（158）
　六　公共服务：民生事业高质量发展的根基 ………………（161）
　　（一）兴办人民满意卫生事业 ……………………………（161）

（二）兴办人民满意教育事业 …………………………………（164）

第九章　生态港城：射阳的发展愿景与定位 ……………（167）
　一　发展愿景 ……………………………………………………（167）
　　（一）宜居宜业的江淮生态港城 ………………………………（167）
　　（二）江苏沿海地区的重要节点城市 …………………………（169）
　　（三）长三角区域重要的商旅城市 ……………………………（170）
　二　功能定位 ……………………………………………………（171）
　　（一）全国新能源装备制造及应用中心 ………………………（173）
　　（二）全国品牌农业生产示范基地 ……………………………（174）
　　（三）长三角区域新兴产业转移承接基地 ……………………（175）
　　（四）江苏沿海地区现代海洋经济示范区 ……………………（176）
　　（五）江淮地区生态优美的绿色家园 …………………………（177）
　三　城市形象 ……………………………………………………（178）
　　（一）形象定位：浪漫风光，鹤乡射阳 ………………………（178）
　　（二）形象标识：有爱小城 ……………………………………（179）
　　（三）形象要素：十大要素 ……………………………………（180）

第十章　绿色崛起：射阳的发展战略与目标 ……………（182）
　一　总体战略 ……………………………………………………（182）
　二　战略目标 ……………………………………………………（184）
　　（一）经济增长 …………………………………………………（184）
　　（二）产业集聚 …………………………………………………（185）
　　（三）收入提高 …………………………………………………（185）
　　（四）生态宜居 …………………………………………………（186）
　三　战略重点 ……………………………………………………（186）
　　（一）推动苏鲁沪等沿海地区合作，打造东部沿海
　　　　　经济带示范区 ……………………………………………（187）

（二）实施有限融入市区战略，建设具有
　　　独立发展能力的卫星城 …………………………（188）
（三）加强海陆产业联动，构建完善的蓝绿
　　　结合的现代产业体系 ……………………………（189）
（四）加快新兴战略产业集群发展，促进
　　　创新要素不断汇聚 ………………………………（190）
（五）不断提升城市功能，塑造具有全国
　　　影响力的城市品牌 ………………………………（191）
（六）对外招商和内拓发展双轮驱动，适度
　　　提高本地民营经济的比重 ………………………（192）

第十一章　沿海开发：射阳海域的发展与规划 …………（193）
一　射阳沿海经济发展面临的客观形势 …………………（193）
（一）沿海经济的发展基础薄弱，沿海第三产业
　　　有待提升 …………………………………………（194）
（二）沿海科技创新能力不强，沿海新兴产业发展
　　　速度缓慢 …………………………………………（194）
（三）港口基础设施薄弱，临港工业发展滞后 …………（195）
（四）沿海环境保护压力与日俱增，沿海灾害
　　　与突发事件频发 …………………………………（195）
二　射阳沿海经济发展的优势和机遇 ……………………（196）
（一）有利的政策优势 ……………………………………（196）
（二）较强的基础设施配套 ………………………………（197）
（三）丰富的沿海资源 ……………………………………（197）
三　射阳沿海经济发展战略的总体要求 …………………（197）
（一）坚持产业合理布局，促进海陆协调发展 …………（198）
（二）重视自主创新，促进市场化运作 …………………（198）
（三）强化沿海环境管理，促进可持续发展 ……………（199）
四　射阳沿海产业的空间发展布局 ………………………（199）

(一) 重点工程引领沿海开发 …………………………… (199)
(二) 推动射阳港口扩容升级 …………………………… (200)
(三) 打造黄沙港国家中心渔港 ………………………… (201)
(四) 建设重点沿海开发园区 …………………………… (202)
(五) 创新发展沿海百里现代渔业经济带 ……………… (202)

五 射阳沿海的资源利用与环境保护 ………………………… (204)
(一) 资源开发利用 ……………………………………… (204)
(二) 沿海生态环境保护 ………………………………… (205)
(三) 岸线和滩涂的开发保护 …………………………… (206)
(四) 防灾减灾能力的提高 ……………………………… (207)

六 实现射阳沿海经济战略的保障措施 ……………………… (207)
(一) 创新沿海开发机制,构建沿海开放型经济
体系 …………………………………………………… (207)
(二) 完善集疏运体系,提升港镇服务功能 …………… (208)
(三) 提高沿海经济创新能力,统筹沿海经济
发展 …………………………………………………… (209)
(四) 强化沿海管理,切实保护沿海资源环境 ………… (210)

第十二章 蓝绿协同:射阳现代产业体系的构建 …………… (211)
一 射阳的产业基础 …………………………………………… (211)
二 射阳现代产业体系的选择 ………………………………… (212)
三 射阳现代产业体系的构建 ………………………………… (213)
(一) 新兴战略产业发展体系 …………………………… (214)
(二) 传统支柱产业发展体系 …………………………… (215)
(三) 现代服务业发展体系 ……………………………… (216)
(四) 现代农业发展体系 ………………………………… (217)

四 射阳建设现代产业体系的战略要点 ……………………… (219)
(一) 发展"六大经济",打造经济增长新引擎 ……… (220)
(二) 打造"六高"功能区,构建开放开发新格局 …… (221)

(三)营造"六优"营商环境,展现和谐有序

新形象 …………………………………………(223)

(四)深化五项改革,增强经济发展新动能……………(224)

后记 ……………………………………………………(226)

第一章 沧海桑田：今昔射阳的变与迁

一 射阳的历史变迁

溯源射阳县的话，说其"沧海桑田"，的确名副其实，由海域变平原，大海至今还在源源不断地为它送来新土地，射阳县的变迁就是一部记录大自然沧海变桑田的馈赠史。

早在唐朝以前，现在的射阳区域还是茫茫沧海。南宋建炎二年（1128），黄河夺泗入淮后，带来大量泥沙，在海区淤积，海岸不断向东推移。射阳县境大部分为明代以后逐步成陆，明弘治七年（1494）时，盐城距海已达 15 公里；清咸丰五年（1885）黄河北徙时，盐城距海已达 75 公里。黄河北徙后，泥沙来源大减，但县境北部，因黄河三角洲的泥沙被波浪、海流侵蚀而南下，射阳东沙港以南海域继续沉积而使海岸线继续东移。

随着土地不断东移，人口从四面八方汇聚来此，不断东迁。早在元末明初，就有上游移民迁入，从事盐业、渔业生产。明洪武年间，朱元璋将苏州阊门一带十万居民赶到淮南充作煎丁（盐丁），其中一部分被分配到射阳县境，县域西部的四明、海河、新坍、盘湾等地是移民立灶煎盐之地。清康熙年间，安徽徽州盐商宋勉旃，从皖南、淮南、昆山、泰州、兴化等地招收一批移民在今射阳的长荡、盘湾、兴桥、大兴、洋马等地占地煎盐。清末民初，清末状元、民族资本家、南通人张謇与人提倡废灶兴垦，将海门、启东、崇明等地棉农迁入县境沿海镇（区）定居。明清时期的煎盐的移民加清末民初的棉农，成为射阳县的原始居民。

明清时期，境内均为煎盐地，分属庙湾、新兴、伍佑三大盐场，隶属两淮盐运使淮安分司。清乾隆元年（1736），改隶泰州分司，但版图属县。明清年间，今射阳河以北，苏北灌溉总渠以南地区，属山阳县；今射阳河以南，新洋港以北地区，属盐城县。清雍正九年（1731），阜宁建县后，潮通港（约为今黄沙港）以北地区，为阜宁县所辖；潮通港以南地区，归盐城县所辖，均属淮安府统管。1916—1932年，先隶属于淮扬道，后隶属于民国江苏省政府；1933年，隶属江苏省行政督察区第七区专员分署；1936年，隶属于江苏省第六行政区。1941年，为了粉碎日军大"扫荡"的阴谋，盐阜区行政公署决定，在射阳河以南、串场河以东、黄沙港以北的地区建立一个新县。当时对新县的名称曾有两种意见，一种认为，山之南、水之北为阳，山之北、水之南为阴，这块地盘地处射阳河南，县名应叫射阴县；一种认为射阴县名称不雅，可反其道而称之为射阳县。当时，开明士绅邹鲁山、唐东山等查证史料，得知汉高祖时刘邦在射阳湖北设置过射阳侯国，其后国除改为射阳县，而射阳河又从现在的这个地区北侧流过，所以决定仍以射阳作为新县的名称。射阳河又以源于射阳湖而得名。射阳湖，古称射陂，《汉书·地理志》及《水经注》等均有记载。《宝应图经》载"射阳湖为射水之阳湖"。关于射水的来历，史书上有两种记载，其一，认为无考，可能是古射阳湖区的一条自然河流，后由于射阳湖命名及蚕食而消失；其二，认为射水可能是古邗沟出射阳湖的水道，邗沟开凿时，射阳湖仍称射陂，后由于射水的出现才更名为射阳湖。历史上的射阳湖，为江淮间一大巨浸，据宋《太平寰宇记》，"射阳湖长三百里，阔三十里"。该湖由泻湖演变而成，形成于2500年前。这里最早是浅水海湾，后随着淮河和长江泥沙的不断淤积，在淮河南侧、长江北侧及沿海浅滩上形成三条沙堤，封闭了古射阳湖及里下河地区成为泻湖，今宝应、建湖、兴化、淮安楚州等县区的许多湖荡和沼泽都在其中。

1942年4月21日，射阳县抗日民主政府正式成立。新射阳县在古代属于盐渎县的地域，并不在古射阳县的范围内。1942年4月，射阳建政后，相继隶属于盐阜区行政公署、盐阜分区专员公署、苏皖边区第五和第十一分区；1949年3月，隶属于苏北盐城地区专员公署、江苏盐城专员公署；1950年8月初，隶属于盐城地区行政督察专员公署，同年10月隶属于苏北人民行政公署盐城专员公署；1968年4月，成立射阳县革命委员会，隶属于盐城地区革命委员会；1978年10月撤销革命委员会，恢复原有体制，隶属于盐城地区行政公署；1983年3月，实行市管县体制后，隶属于盐城市人民政府。

关于射阳县的由来，射阳民间还相传与"精卫填海""后羿射日"有关。射阳的地域形成是黄河夺淮、淤沙造陆的结果，直到今天，射阳的淤沙仍以每年五六百公顷的成陆速度向大海推进。"精卫填海"谁都知道是个神话，用来比方射阳的成陆未尝不可。关于"后羿射日"，射阳民间说后羿射落天上九颗太阳，其中一颗掉在黄海边上，砸出一个湖，后称射阳湖，从射阳湖流出的一条河就称之为射阳河，县名便由此而来。根据这一传说，2001年，在今射阳县城商业中心建成了太阳城商城，并塑了一座后羿射日的雕塑。此外，在射阳河畔，还有一座射阳岛，岛上建了一座射阳岛公园，这里有一处"三阳护鼎"的奇观。民间传说后羿射落三颗太阳，其中两颗落入水中，另一颗落下后形成了射阳岛。每到风和日丽、夕阳西下时，就可看到三颗太阳，天上一颗，水中两颗，这就是当地所谓的"三阳护鼎"景观。显然，"后羿射日"只是人们对"射阳"地名的美妙联想，并非射阳县真正得名的出处。

射阳的县治曾几经迁徙，1950年才正式设于今天的县城合德镇。合德镇在19世纪前还是茫茫海滩，清同治二年（1863），阜宁县草埝口农民周国昌来此捕鱼捉虾，刈草烧盐，始称"周家墩"。1919年，南通人来此筹建垦殖公司，以"合资垦建，德施于民"之意将公司起名为"合德"。1921年，这里逐渐形成一个自然集镇，取名"合兴镇"，当时这里是苏北的棉花重镇，曾有"小上海"之称。1945年，合兴镇解放后，更名为合德镇。

射阳县滩涂广阔，是江苏省滩涂面积最大的一个县，全县滩涂总面积72667公顷，而且每年还在淤长。这里沼泽广袤，水草肥美，鱼类、贝类丰富，是鸟类繁衍的天堂，这里建有中国第一个海涂型自然保护区——丹顶鹤珍禽保护区，世界珍禽丹顶鹤有90%以上在此越冬，是名副其实的丹顶鹤之乡。射阳还素有粮棉大县、水产之乡的美誉，年产粮食70万吨以上，皮棉5万吨，水产品18万吨。境内旅游资源丰富，"金滩银鹤""三阳护鼎""千秋鼋影""十里菊香""鹤乡佛踪"等多处景点，是生态旅游的好地方。

经历过煮海煎盐、废灶兴垦、渔农共兴、工业起跑，射阳县由一个农村小集镇，发展成为黄海明珠不夜城。

专栏1—1　古射阳

据历史考证，西汉高祖六年（公元前201年），高祖刘邦分封王侯，鸿门宴上救过刘邦的功臣项伯被封为射阳侯，赐姓刘，即刘缠。国都设今江苏省宝应县射阳湖镇（一说在今淮安即楚州城西）。惠帝三年（公元前192年），刘缠寿终正寝。他的儿子刘睢有罪，不得代侯，国除。射阳侯国存在10年。

在射阳湖畔，也曾经有过射阳县。《汉书》卷28应劭注曰：在射水之阳。此为射阳、射水之名首次见之于史志。见之于古籍记载：唐杜佑《通典》卷181云：山阳，汉射阳县地，晋立山阳郡。或云汉吴王濞反于广陵,山阳王率众拒之,因以山阳为名。臧励和等人编的《中国古今地名大辞典》淮安县条云:汉射阳县,三国时废,晋复置,东晋改曰山阳县(注:此处应为分射阳境地置山阳县),宋改淮安县,元仍为山阳,明、清俱为江苏淮安府治。淮安府废府,改县为淮安,属江苏淮扬道。新版《辞海》淮安条亦云:汉置射阳县,东晋改山阳县(注:此处应为分射阳境地置山阳县),宋改淮安县,元复名山阳县,1914年又改淮安县。

而古射阳县始建于公元前177年(汉武帝元狩六年),隶属于临淮郡。东汉明帝永平十五年(公元72年)省临淮郡,射阳县划属徐州广陵郡。三国时废,西晋复立,东晋分射阳境地置山阳县。刘宋时山阳与射阳并存。南齐时射阳名存实亡。后射阳被废,山阳兼有其境。古射阳县先后存在约600年左右。

1942年4月21日,盐阜区行政公署决定设立新县为抗日做准备,取名射阳县,因此也有一说县名承袭自2000年前汉高祖所分封之射阳侯国和曾经传承600年的古射阳县。

二 奋进中的射阳

射阳由一块滩涂之地快速腾飞为今天蒸蒸日上的特色强县,这里是水绿鹤乡,遍布青葱湿地、金滩银鹤、鱼虾肥美,其背靠海洋,借助蓝色引擎,开创性地发展金色产业、银色农业,挖掘本地丰富的文化底蕴,促进和保护红色文化和非物质文化遗产。

射阳位于中国大陆南北地理分界线的东部起点,地处中国和江苏沿海中心位置。全县县域总面积7730平方公里,其中海域面积5130平方公里,是江苏海域面积最大的县份;全县土地总面积2605.72平方公里,其中陆地面积1948.23平方公里、水域面积482.09平方公里,列江苏省第四位;海岸线总长

100.4公里，每年还向大海淤长5000亩左右。全县辖13个镇、2个省级经济开发区，总人口96.23万人。射阳综合实力近年来得到快速提升，截至2017年年末，射阳实现城镇居民年人均可支配收入28816元，农村居民年人均可支配收入18064元，增长速度均超过地区生产总值增速。2017年全县实现地区生产总值486亿元，全社会固定资产投资342亿元，一般公共预算收入24.18亿元。

现今的射阳，以"一带一路"发展战略为契机，紧紧抓住空前的历史机遇，充分利用资源优势和产业发展优势，打造射阳特色的多层次沿海经济新格局，努力实现经济的腾飞发展，迅速跻身盐城县域第一方阵。

启动蓝色引擎，加快发展海洋经济。紧抓"一带一路"和江苏沿海开发两大国家战略机遇，聚焦沿海、会战沿海、决胜沿海，各方面发生脱胎换骨的深刻变化。高起点编制射阳现代海洋经济功能区规划，高水平推进绿色产业带、特色城镇带、生态风光带和现代产业港"三带一港"建设，打造百里黄金海岸经济带。大力培植海洋新能源、海洋工程装备、海洋生物制品、海水淡化与综合利用以及港口保税物流等特色海洋产业，海洋经济生产总值突破200亿元，争创省级海洋经济创新示范园区1个以上。基础设施不断完善。交通集疏运体系逐步健全，配套设施日臻齐全、服务功能不断提升，项目承载能力不断增强，为射阳项目建设增添了活力。项目建设加快推进。辉山乳业、石材产业等一批层次高、业态新、体量大的产业链项目实现突破，为重振雄风积蓄了后劲。港口建设加速发展，3.5万吨级码头已经建成并即将通航，码头三期工程加快推进，港口综合能级显著提升，为后发再起插上了双翼。射阳还大力推动黄沙港国家中心渔港建设，旨在建成一个现代化的国家级中心渔港。加快建设市场交易、功能支撑、国外境外交流三大平台，提升渔船停泊、渔业加工和港城综合开发三大功能，致力于打造集渔业交易、休闲旅游和饮食文化为一体的国家级中心渔港。射阳沿海是盐城乃至江苏新一轮发展布局中的重要增长极，始终坚持绿色发展，加强资源开发保护与统筹，优化沿海空间布局，完善沿海开发体制，进一步提升港口综合能级、做大港产规模，把射阳沿海打造成经济走廊和生态走廊的黄金海岸经济带，形成充满活力与张力的开放开发新局面。

开发新兴产业，大力改造传统产业。首先，优化存量，加快高端纺织、机械电子和健康食品三大传统产业的转型升级。射阳是传统棉纺大县，纺织业占全县工业比重超过40%。射阳没有简单地压锭，而是着力抓技改，招引全产业链龙头企业，通过植入绿色、智慧元素，把传统产能转化为发展新动能，全县纺织业智能化装备水平超过50%。现代高端纺织产业区是国家级绿色染整研发基地，刚建成6万平方米科技研发中心和创业孵化中心，已有上海东华大学纺织品研究示范基地、南京大学印染废水处理研究基地等一批产学研平台落户。占地600亩的上海题桥产业园，一期所采购300多台进口纺织机械处于国际领先水平，一个现代高端纺织产业集群即将诞生。这些升级后的传统产业，已不再"传统"。其次，摆脱路径依赖，创新发展航空装备、新能源及其装备和新型建材三大新兴产业。射阳一改过去几十年产业定位的单一落后，深耕产业创新，引入新兴重大项目。射阳紧扣"3+3"主导产业，精选项目，大力培育绿色生产力。占地20平方公里的射阳航空科技城已具雏形，全省首家2B级仪表导航通用机场基本建成。依托通用机场，快速集聚航空产业，已落户富翔轻航机、云天军用靶机、启飞植保无人机等19个项目。凭借智慧创新，射阳航空产业成功实现"无中生有"。射阳还注重利用沿海港口、风电资源，引进全球风电装备前3强企业——远景新能源，全球智慧运维中心正式运行，将射阳丰富的风力资源转化为巨大发展能级，打造辐射全球的风电装备制造基地。

顺应科技革命，积极打造智慧射阳。为增强产业核心竞争力，射阳成功举办上海"双招双引"等活动52场次，落户全球第三的海上风机制造企业远景智慧能源、全球通航发动机前三强中澳佳宝等新兴产业重大项目39个，新洽谈中科建海洋生物科技等亿元以上项目168个，新签约天空联盟航空等亿元以上项目118个，新开工康平纳智能工厂等亿元以上项目86个，新竣工和鼎智能终端等亿元以上项目52个，新达产长风海工装备等亿元以上项目31个，新审批项目数、计划投资额位居全市前列；引进"两院院士""千人计划"等高层次人才39人，落户远景大数据中心、中科院海洋生物研究院、南大高新技术研究院等一批创新载体，达成产学研合作项目60个，80%以上规上企业建立产学研合作关系，纳米黑金海水淡化装置等重大科技成果成功转化。规上企业增长面高于全市平均6个百分点，重点企业智能化装备率达70%，新增国家高新技术企业15家、千万元以上税收企业6家、"小升规"企业35家，"新三板"挂牌企业增至3家。坚持"一产富民、二产强县、三产增活力"，二、三产业增加值占GDP比重达81.8%。健康食品、航空装备、高端纺织、机械电子、新型建材、新能源及其装备六大主导产业初具雏形，获评"中国纺织产业基地县"，成功创建省创业型城市，合德高新科技创业园获批国家级科技企业孵化器，捷康公司入选国家知识产权优势企业。2016年，新增国家高新技术企业11家，高新技术产业产值增长22.4%、列全市第一；新审批项目数、计划投资额居全市前列。服务业提速发展，幸福华城等一批项目投入运营，"我能工场"获批省级众创空间、省级创业孵化示范基地。

做强银色农业，推进现代农业。首先，注重农业品牌建设。射阳农业银色文化的三个代表为大米、大蒜、优质棉。以射阳大米为例，作为中国名牌产品、驰名商标，射阳大米先后荣获江苏品牌紫金奖、江苏最具成长力品牌等40多块奖牌，连续11

年获上海市食用农产品"十大畅销品牌",中国十佳粮食地理标志品牌,最具影响力、最受消费者喜爱的中国农产品区域公用品牌等20多块奖牌,近两年又荣获14届国家农产品交易会和15届粮油精品展金奖,中国消费者最喜爱的100个农产品,中国大米、十大区域公用品牌,2017中国农产品百强区域公用品牌,并列入选5个大米之首,2016年国家质监总局组织的品牌价值评估185亿元。从经营者到消费者,对农业品牌意识强,射阳已认证286个"三品一标"农产品,获得38个名牌产品。"射阳大米"荣获中国国际农产品交易会金奖,"洋马菊花""海河西葫芦"被评为国家地理标志产品。现代农业高效推进,高标准农田比例达60%,高效农业突破130万亩,设施农业达24万亩;连续5年获评全国粮食生产先进县、生猪调出大县;建成国家绿色食品标准化生产基地55万亩,新增国家"菜篮子"基地3个,创成"全国现代农业创新创业园区"2个;农业机械化装备增量全省第一,省级以上农业龙头企业数居全市前列;苏台海峡两岸渔业合作示范区获批省海峡两岸渔业交流合作基地。

挖掘地方文化资源,文化产品问鼎国际。射阳注重保护和开发旅游文化、红色文化和非物质遗产。其一,射阳充分利用其得天独厚的自然生态资源和丰富的文化资源,立足高起点规划、高标准设计、高效益运营,对旅游资源进行统筹规划、深度挖掘,现代旅游业提速发展。目前已经完成日月岛高上生态旅游区的总体规划提升及控规编制工作,确立了计划总投资202亿元的十大组团项目,目前日月岛生态旅游区内环17公里环岛绿廊全面开工建设,被列入全国优选旅游项目和省级重点旅游项目。同时,坚持因地制宜、一镇一品,规划开发区航空小镇、特庸桑乐小镇、洋马"十里菊香"小镇等特色小镇,建成开放十里菊香、阳河湾玫瑰园等特色景区,获评"中国最美乡村旅游示范县",游客量突破190万人次;千秋阳河湾、射阳河口风景区、五龙口生态旅游区、黄沙港渔文化旅游区等乡村旅游点规划提档升级,"一核两带五片区"的全域旅游发展新格局初具规模。其二,充分挖掘红色文化。射阳是红色革命根据地,1947年11月,华中工委在射阳耦耕堂成立,射阳成为华中地区解放战争的指挥中心。2007年5月位于后羿公园西侧的中共华中工委纪念馆建成开放。该馆通过1000余幅历史图片、100多件文物,辅以声光电等展陈手段,鲜活而真实地展现出华中工委那一段光辉的历程,成为苏皖地区继盐城新四军纪念馆后又一个重要的爱国主义教育和红色旅游基地。截至2016年已接待全国党政军及社会各界人士100多万人,为国家AA级旅游景区,省级爱国主义教育基地、廉政教育基地,盐城市对外文化交流示范基地、社科普及示范基地、干部教育基地和红色文化旅游专线。其三,射阳高度重视对非遗文化、当地本土文化的保护。杂技、魔术节目获国际大奖,淮剧小戏获国家艺术基金奖励,农民画、草编工艺列入省级非遗名录,农村电影放映工作获全国表彰,获评中国民间文化艺术之乡、省群众文化先进县。桃园家饰继承传统草编技艺,创新生态环保的艺术精品,八大系列近千品种,全县近万农民居家就业,产品畅销东南亚、欧美等国家和地区。

完善城市功能配套,打造绿色宜居小城。射阳城建成区面积13平方公里,初步形成25平方公里的辖区雏形。县城居住人口22万人,全县城市化率近53%、城市绿化覆盖率达43.7%、亮化率达98%、生活垃圾无害化处理率达95%。射阳是江苏空气质量最好的县份之一,拥有20万亩生态湿地,全县林木覆盖率达27.5%。已获得全国文明县城、国家级园林县城、国家级卫生县城、中国产业百强县、江苏省文明城市、全国首批沿海对外开放县、国家级生态示范区等称号。射阳紧紧围绕打造现代化海滨城市,大力实施城市提升工程,完善功能配套,加快南拓步伐,推进组团开发,促进港产城融合发展;县城建成区面积达60平方公里，人口达40万；抢抓中韩产业园合作机遇，加快建成韩风国际城，建设中韩合作配套区；创新城市开发模式，推动国有实业公司参与城市经营；推进智慧城市、海绵城市建设，提升县城绿化净化美化亮化文化水平。完善城建功能配套，教育、医疗、文化、商贸等12个城市功能组团初显形象，城市资源效益全市第一，成功落户安徒生童话乐园、爱琴海购物公园等一批精品城建项目，建成千鹤湖市民公园等城市配套工程，完成棚户区改造2575户、全部实行货币化补偿。新增城市绿地面积300公顷，建成国家一级标准的公共卫生间105座，城市通亮率98%以上，污水主管网实现全覆盖。开工建设三级医院标准的新港城人民医院和妇幼保健院，挂牌成立江北首家心脏病学陈义汉院士工作站、江苏首家国医大师石学敏院士工作站，签约10个名医工作室，建成1所全市唯一的"全国百佳乡镇卫生院"，获批国家卫生县城。"四个托底"救助政策在全省推广，累计托底帮扶9.8万人次。基本建成集医养托护为一体的江苏一流养老服务中心。成功举办省第七届特奥会暨残疾人田径锦标赛。

射阳践行创新、协调、绿色、开放、共享的发展理念，以改革创新为主线，大力实施绿色引领、创新驱动、外向带动、转型升级、城乡统筹、民生优先"六大战略"，统筹推进经济建设、政治建设、社会建设、文化建设、生态文明建设，全面加强政府自身建设，努力打造创新创业、开放开发、绿色宜居、共建共享、风清气正的新射阳。射阳人文底蕴丰厚，有着开放包容的移民文化，是一座友爱和谐、海纳百川的人文城市，以青葱湿地、水绿鹤乡、蓝色引擎、金色产业、银色业态为城市特色，"一个真实的故事、一座有爱的小城"已经成为射阳标志性的名片。

三 射阳的内在基因

射阳成陆相对较迟、建县相对较晚，如何在较短的时间内迅速由苏北平原的一个普通县域变成集智慧、人文、生态、宜居为一体的新兴海滨小城。究其关键影响因素，可以归纳为以下三个：独特优越的自然生态、开放创新的移民文化和艰苦奋进的红色基因。

（一）独特优越的自然生态

射阳地理位置优越，其东临黄海，西至淮安，北靠连云港，南至南通，地处盐城市中部，东濒黄海，与日本、韩国隔海相望。苏北灌溉总渠横穿东西，背靠204国道，新长铁路和正在建设中的沿海大通道穿越境内。靠近盐城南洋国际机场，G15沈海高速公路连通南北，连盐铁路射阳客运枢纽2018年11月份建成通车，临海高等级公路纵贯全境，盐射高速年内开工建设。"5+1"高速铁路网的加快建设，将使盐城迈入高铁时代，进入上海"一小时经济圈"辐射范围内，而且到杭州、苏州、无锡等长三角主要城市时间缩短2/3以上。射阳拥有国家一类临时开放口岸射阳港和国家中心渔港黄沙港，射阳港是中国距离韩国和日本最近的港口。射阳经济开发区建成全市首家仪表导航通用机场。承南启北、通江达海，射阳对外交通条件的不断改善也极大地带动本地经济的跨越式发展。

射阳优越的沿海区位优势，催生沿海经济新业态。射阳沿海是盐城乃至江苏新一轮发展布局中的重要增长极，始终坚持绿色发展，加强资源开发保护与统筹，优化沿海空间布局，完善沿海开发体制，进一步提升港口综合能级、做大港产规模，把射阳沿海打造成经济走廊和生态走廊的黄金海岸经济带，形成充满活力与张力的开放开发新局面。其一，射阳港开通东南亚等国际航线，全年货物吞吐量2000万吨以上，集装箱2万标箱，形成辐射江淮经济区、连接内陆腹地的"海上通道"。其二，高标准推进国家中心渔港建设，推动射阳双洋港一级渔港规划论证，拓展和延伸渔港功能，带动渔业转型升级，促进现代渔港经济发展，逐步把渔港建设成为融渔船避风、渔货集散、渔业生产、加工贸易、运输补给、滨海旅游和休闲渔业为一体的现代化渔业港口，形成以现代渔港为中心的渔港、渔村、特色镇一体化渔业经济区。其三，推进海洋经济绿色发展，大力发展海洋循环经济，推广海洋绿色生产，鼓励发展环境友好、科技含量高、资源能耗低、污染物产生量少的涉海行业，重点发展海洋生物医药、海洋可再生能源、海洋新材料、海洋绿色食品和海洋节能环保等产业，降低对海洋生态环境的影响。

射阳独特的地理位置，也形成了不可替代的地理文化。一是南北在此合，陆海在此分；二是丹顶鹤到此不再南飞，黄梅雨到此不再北行。其兼收海陆、并蓄南北的地理文化，造就了射阳风情的多元性、风物的多样性、风光的多彩性。射阳滩涂总面积为101.19万亩，其中潮上带陆地面积80.6万亩，潮间带面积20.685万亩，滩涂资源较为丰富。射阳加强海洋生态系统保护，重点围绕滩涂、湿地等典型生态系统，强化滩涂湿地生态保护，实施退耕退渔退养、还林还湿工程，推进滩涂变绿洲工程。柔软的沙滩、葱郁的植被、嬉戏的海鸟、连天的海水、纵横交错的沟渠、千舟竞发的渔帆，浑然构成一幅东方湿地和谐图。

专栏1—2 鹤乡——一个真实的故事

射阳地处中国地理南北分界线的东部起点，世界珍禽丹顶鹤每年来此越冬，素有鹤乡美誉，"一个真实的故事、一座有爱的小城"之所以成为射阳标志性的名片还离不开一首歌的传唱，这首歌曲基于一个真实的救鹤的故事，女孩的名字叫作徐秀娟，

1987 年 9 月 16 日为寻找走失的天鹅溺水牺牲,年仅 23 岁。《一个真实的故事》传唱海内外,感动亿万人。

  (旁白)有一个女孩/她从小就爱养丹顶鹤
  在她大学毕业以后/她仍回到她养鹤的地方
  可是有一天/她为了救一只受伤的丹顶鹤/滑进了沼泽地里/就再也没有上来
  (唱)走过那条小河/你可曾听说/有一位女孩她曾经来过
  走过这片芦苇坡/你可曾听说/有一位女孩/她留下一首歌
  为何片片白云悄悄落泪/为何阵阵风儿轻声诉说
  呜呜呜呜呜/喔噢噢噢噢/还有一群丹顶鹤轻轻地
  轻轻地飞过/走过那条小河/你可曾听说/有一位女孩她曾经来过
  走过这片芦苇坡/你可曾听说/有一位女孩/她再也没来过
  只有片片白云悄悄落泪/只有阵阵风儿为她唱歌
  呜呜呜呜呜/喔噢噢噢噢/还有一只丹顶鹤轻轻地/轻轻地飞过
  ……

(二) 开放创新的移民文化

  射阳人杰地灵,历经三次移民,孕育出鹤乡人民开放、创新的精神特质,人文底蕴十分丰厚。移民文化具有独特的移民精神以及开放性、兼容性、先导性等特点。多次、多点、多年移民,相互融合,相互促进,形成了射阳宽容、和谐、开放、敢为人先的文化特质。

  创新是射阳人富有创造力和生命力的精神体现。勇于探索、敢为人先的创新精神，不但是射阳精神的内核，而且应当成为新时期射阳精神的主旋律。首先，近年来，射阳把勇于开拓的创新精神运用到全面深化改革的实践之中，将解放思想、更新观念、实践创新融为一体。紧跟时代，树立创新理念；敢于求索，架构创新体系；面向未来，弘扬创新精神。

射阳人努力探索找到一条发挥自身优势、扬己之长的新道路，走上了一条硕果累累的绿色发展之路。首先，借助"生态+特色"的发展新思路，"生态立县"，近年来将生态经济作为发展的根本依托和最大优势，大力发展绿色生产力和绿色高端产业，培育壮大生态型经济，努力实现生态效益和富民效益的双赢，将射阳建设成宜业、乐业、宜居、乐居、宜游、乐游的好地方。其次，在创新体系的架构上，一是观念创新激活射阳经济发展的原动力；二是结构创新提高射阳经济发展的支撑力；三是制度创新增加射阳经济发展的内驱力；四是环境创新集聚射阳经济发展的后发力，在全社会形成了勇于创新的广泛共识和坚实基础，强力推进全县在新时期的快速发展。对于射阳来讲，如今新时期创新精神也已经成为射阳人民实现全面小康必不可少的社会精神气质和文化价值取向。最后，在射阳，创新不只是少数人的事，不仅仅是领导者的事，创新精神和创新理念早已经被广泛、深入地融入广大群众的实践中去了，基层和群众中的创新活力被充分地激发，苏东新海洋文化与时俱进、外向兼容、不畏风险的进取精神在射阳人身上体现得淋漓尽致。

开放，代表射阳人精神的胆魄与胸襟。不寻常的发展历程表明，开放是射阳发展的成功路径和唯一可以选择的发展必由之路，是射阳开明开拓、借力发展、博采众长、兼容并蓄的高度凝练，体现了射阳人应有的自信豁达的态度、雍容大气的气魄、天下一家的胸怀。射阳实现跨越式发展，不仅得益于其充分的开放度，也离不开其充分的包容度和宽容度。射阳要聚集海内外资本人才，接纳创新要素资源，畅通人流、物流、信息流，对各种进步观念和生活方式给予必要的尊重和接纳，让所有的投资者在射阳的开放包容中得到参与的快乐体验；就要打破因循守旧的条条框框，倡导勇于创新、勤于探索，旗帜鲜明地为进取者助威、为创新者壮胆、为改革者呐喊，以思想的大解放来解决各行业各领域与射阳建设不相适应的问题，积累射阳进一步开放的能量，形成整个射阳生机勃勃的开放包容氛围；把加强和创新社会管理、促进和谐发展作为射阳建设中的一项重要举措，倾听群众的声音，汲取群众的智慧，依靠群众的创造，创造条件让人民的获得感、幸福感增强，从而把射阳建设成为群众最现实、最需要的价值认同的新射阳。也正是射阳不断开放的经济格局，使得射阳短期内成功推动了经济转型，产业结构向生态型、科技型和财源型方向演进，传统产业生态化、智能化改造顺利推进，新兴战略产业和特色产业迅猛发展，现代产业体系初步形成。

（三）艰苦奋进的红色基因

华中工委在射阳，留下了敢于斗争、敢于胜利的拼搏精神；忠于理想、忠于人民的服务精神；敏于调查、敏于实践的求是精神；甘于清贫、甘于奉献的无我精神。华中工委选择射阳，绝不是偶然的，是射阳的民风、民心、民情决定了这段红色历史必定镌刻在这里。

抗日烽火中建立的射阳，开展了顽强持久的抗日斗争。1942年4月21日，射阳民主政府在大顾庄正式成立，并开始了党的建设和政权建设工作。建县时地域东濒黄海，西接串场河，北至射阳河，南至黄沙河。即由原阜宁县九区全部、七区和盐城县十四区各一部分组成。总面积1500平方公里，当时人口约20万。1942年10月，建立中共射阳县委员会，同时，加强党组织建设，县委以消灭空白点，乡乡建支部、村村有党小组为目标，并把支部武装化。至1942年年底已建党支部50个，党小组164个，党员846人，并建立6个区、55个乡的民主政权。全县计有7个区、73个乡，初步完成了区、乡民主政权的建立。1942年10月，射阳参议会成立，射阳农救会、教师抗日救国会、儿童团、工救会、妇救会也相继成立，出现了社会各阶层的抗日高潮。到1944年6月，全县有党员7213人，基本上达到了乡乡有支部、村村有党小组的要求。在各级党组织的领导下，全县开展了轰轰烈烈的全民抗日的热潮。在反扫荡斗争中，全县地方武装和人民群众打土坝221条，摧毁敌炮楼121座，平毁敌土圩子22个，破坏公路83条，约174里，拆桥、改桥63座，河中打桩2575根，把敌人搞得晕头转向。结果，在反扫荡斗争中，敌人不仅没有消灭我方武装，反而被拖垮。

射阳的抗战史，是一部值得大书的历史，也是一部值得永载射阳史册，永远值得学习、继承、发扬的光荣历史。红色文化使得射阳人民在奔向文明、富强、民主的小康路上，更珍惜这来之不易的美好生活，继承革命先烈的遗愿，追寻先辈们的足迹，奋发图强。正是骨子里的艰苦奋斗红色基因，让射阳在短期内扭转了竞争劣势，迅速跻身盐城县域第一方阵，把眼光盯住先进地区，努力以一流标准创造一流业绩；射阳人始终保持苦干实干的过硬作风，牢固树立功成不必在我、功成必定有我的政绩观，不搞形式主义，不做表面文章，勤勉敬业、不事张扬，奋力走好新时代的长征路。

务实，是射阳人唯真理是从，崇尚脚踏实地，注重高效、实效的具体表现。射阳的文化传统具有注重实际、埋头苦干的内蕴。近年来，这种务实精神在射阳得到了充分发扬。射阳大兴务实之风，狠抓干部作风的转变，倡导并形成了良好的风气。围绕全县经济社会发展的重大问题和工作重点，进行实地调研和专题研究，形成正确思路，提出有效措施，供集体决策参考。通过调查研究，及时解决实际问题，发现、总结、推广人民群众创造的新鲜经验。新时期射阳大力弘扬新时期创新、开放、务实、奋进的射阳精神。鼓励、引导和支持百姓创家业、能人创企业、干部创事业，形成家业殷实、企业兴旺、事业发达的生动局面；鼓励、引导和支持制度创新、科技创新、管理创新、产品创新，形成用新观念研究新情况、用新思路落实新任务、用新办法解决新问题、用新举措开创新局面的生动景象，使一切有利于建设新射阳的创造愿望得到尊重，创造活动得到支持，创造才能得到发挥，创造成果得到肯定，为全面建成小康社会广开活力之源。

奋进，是射阳时代特征、兴县之道，指处在改革与发展中的射阳奋勇争先、不甘人后的精神与气魄；是一种艰苦奋斗、奋发图强的创业精神；是一种不甘落后、见强思超的争先精神；也是一种对人民高度负责、对事业和历史高度负责的献身精神。奋进是近年来射阳经济社会发展的写照，凝结了射阳人敢为人先、争创一流的进取之心，彰显了射阳人民自始至终追求幸福美好生活的目标。奋进更着眼于未来发展，把奋进纳入射阳精神，寄托着射阳人对射阳未来发展的热切期盼。奋进是射阳全体干群振奋精神、埋头苦干，负重奋进、顽强拼搏，彰显了全县干群奋力作为的追求和风貌，奋力开创射阳跨越赶超新局面。

射水之阳，携江河而填海成陆，融南北汇吴越汉风，逐海居起移民之城，物产丰饶，人杰地灵，先贤辈出。一方面，射阳的红色文化是一种满满的正能量，如何释放这种正能量，需要不断地探索和推进，不断地树立和增强文化自觉、文化自信、文化自强，为射阳早日实现后发崛起提供精神动力和智力支持；另一方面，经济是城市的实力，文化是城市的灵魂。在经济社会快速发展、城市竞争日趋激烈的今天，文化在城市发展中的地位日益增强，提升文化品位，充分发挥文化对城市发展的带动作用，已经成为一个地区快速发展的主要因素。

一座城市的精神，就是这座城市的共同理想、共同文化、共同追求、共同意志。它是人们通过一定形式的理性思辨与情感感受所形成的对城市精神面貌的理性评价与心理定位，经过反复提炼的射阳精神被确定为创新、开放、务实、奋进的八字精神，这凝聚了全体射阳人的智慧，折射了世代射阳人的艰辛努力。射阳正行进在抢抓新机遇、建设新射阳伟大的新征程中，面对周边地区激烈的竞争态势，立足于国家"一带一路"倡议和长江经济带战略，努力将射阳建成创新创业、开放开发、绿色宜居、共建共享、风清气正的新射阳。

第二章 射阳现象：绿色崛起与协调发展

立于射阳大地，远眺渐行渐远的岸线和逐浪而生的新土，世人不免要惊叹于沧海桑田的神奇变幻。如今射阳的经济社会发展，在经历了一番沧海桑田之后，终于也以一种崭新的面貌呈现于世人眼前，并注定会引来更多的称羡和感叹。

一 走近射阳：由射阳初印象到"射阳现象"

当你漫步于射阳幸福大道上，放眼而望，看到的尽是绿树葱郁；驻足而听，耳闻的则是千鹤湖公园的欢声笑语；不经意的一个深呼吸，倏忽扑鼻的竟会是久违的沁脾清新……这就是如今射阳的一个缩影，美丽，清新，自信，欢乐。"鹤乡大地，人杰地灵，物阜天华；人间天堂，除了苏杭，就数射阳"。一篇美文如此写道。虽然外地人读了，或许会一笑了之，但是现在的射阳人，的确有足够的理由如此骄傲。

2017年的环境质量监测数据表明，全县空气质量优良天数达304天，较2016年同比提高7.1%，全年没有一天重污染天气。100多公里的海岸线上，万亩生态林场随处可见，一道道苍翠挺拔的绿色林带蔚为壮观；日月岛环湖林场、生态森林镇村和规模苗木基地一块块建成。这些绿色，竟似赶着渐去渐远的蓝色岸线生长一般。射阳的农村生态环境面貌也日新月异，环境综合整治带来了乡村水清路畅家园靓的嬗变，一批省市上榜的"最美乡村""星级康居乡村"应运而生，昔日泥泞不堪的小路、杂草丛生的庭院、水草滋生的小河改变了模样。

射阳这座有爱小城的故事非常多，息心寺的禅意与空灵，丹顶鹤的惬意与悠闲，海边淤泥质海滩中丰富的海产品，远近闻名的射阳大米……这些故事，都是射阳人的骄傲。然而，这里的另一个故事是，那么多的小城故事为什么并没有在射阳发展的大潮中，因为喧嚣、污染或破坏而失落，反而被演绎得更为精彩和传神？而在全国，那样的悲剧则是层出不穷。

但是，就在几年前，曾经骄傲的射阳人却经历了一番低沉、无奈和自卑的心路历程。"金东台、银大丰，射阳是个小富翁"这一偈语，就凸显了过去射阳在苏北地区的优越地位。然而，眼看东台、大丰经济社会迅猛发展，射阳经济社会发展却失去了光环乃至方向，社会矛盾重重，组织队伍人心涣散，人民群众怨声载道。此时的射阳，似乎已无人相信还能再度繁荣辉煌，至少在短期内不会。

然而，射阳是一个能够创造奇迹的地方。仅仅三年多的时间，骄傲和自豪再度装满了射阳人的心胸。十里菊香园内，忙碌而满是笑颜的农业工人；黄沙港国家中心渔港里，穿梭如织的大小渔船；城市街边乡村道旁，点缀着的装修精致的公共厕所；漂亮的灾后安置小区园中，曾经创伤却或弈或嬉的老人孩子，给你的印象满是自信、欢乐、满足和希望——或许也就是幸福吧。沧海桑田间生长的射阳人，治愈创伤的能力和重扬希望之帆的渴望，竟都是令人难以想象。

不过，无论是大自然，还是人类社会，奇迹也绝不会是自然而然地发生，其背后定也隐藏着更多的耐人寻味和发人深省的故事。

历经坎坷，人们却行志愈笃；处沧海之滨，大地却绿色遍染；经济迅猛发展，社会却协调以进；这一颇具特色的"射阳现象",无疑也是个值得令人深思的奇迹。而要把握和理解这一现象,仅仅依凭我们的印象是不够的,更要剖析其客观表现、自身特征和深刻本质,才终可以得之。

二 "射阳现象"的发生:"V"形之变

(一) 由辉煌到低谷——射阳怪现象

20世纪90年代,射阳与东台大丰稳居盐城前三强。例如1995年,射阳地区生产总值、地方财政收入、工农业总产值及人均工农业总产值、城乡居民储蓄存款等主要发展指标,都稳居盐城第三位,远远领先于阜宁、滨海和响水等县。射阳这种优势地位一直保持到"十一五"时期。但是到了"十二五"时期,射阳主要发展指标开始出现明显下滑,直至2013年和2014年,射阳地区生产总值实际增速在盐城9个县(市、区)中滑至末位。不仅如此,经济社会生活也出现了极度混乱的现象。当地人再也无心念叨什么"金东台、银大丰,射阳是个小富翁",而是代之以一句新的谚语,即"上有天堂,下有苏杭,除了北京,就是射阳"。但这一民间谚语再也不带任何自豪感,而是充满了一种嘲讽和无奈,因为它影射的是射阳低收入水平下的高消费这一怪象。当时射阳缺乏大型的支柱产业,但是却涌现出大量的担保行,县城里也是KTV洗浴中心遍地。这种现象的出现,深刻反映了当时射阳社会管理混乱、就业和投资机会缺乏、一夜暴富畸形心理严重等问题。此后继之而来的挤兑问题,更是进一步加剧了射阳社会经济金融的混乱程度。

(二) 由低谷到辉煌——不一样的轮回

2017年,射阳列入市考核的22项主要经济指标增幅均居全市前列,一般公共预算收入等7项核心经济指标增幅列全市第一。城乡面貌日新月异,东西10公里、南北10公里的城市框架正徐徐展开，城市功能组团加快推进。民生条件不断改善，在全省率先实现了"一全员四托底"，康居工程稳步推进，群众幸福感、获得感不断提升。不仅如此，射阳并不满足这些已有辉煌成就，而是毅然确立了"全力强产业、全新惠民生，高质量跻身江苏沿海县域第一方阵"的新目标，立志在"十三五"后半期要高质量发展走在江苏沿海县域前列。

现在的射阳人，一扫往日的怨艾和悲观，而是充满了幸福和快乐。外出务工的射阳人开始出现较大规模的回流，丰裕的就业机会，美丽的家乡环境，高质量的教育医疗条件，重现的孩童时代的记忆，使他们没有理由也没有心情选择留在异地务工生活。射阳人依然很少念叨往昔的"金东台、银大丰，射阳是个小富翁"，因为射阳已然不甘心再做个"小富翁"，反而更爱继续诵念"上有天堂，下有苏杭，除了北京，就是射阳"，这是因为，在他们心中，宜于工作和生活的地方，可能真的就是"除了北京，就是射阳"了，而语气和神态中，也再无当初的嘲讽和无奈，而是代之以满满的自豪和神气……

（三）由乱而治——政治生态基础的重筑

射阳所发生的嬗变，并不仅仅是经济方面的，而且也伴随着政治生态的由乱而治，为射阳大发展打下了坚实的政治生态基础。对于一个县域经济而言，政治生态的影响更为显著，某个领导者即使不能长久影响其趋势，但是也会决定其一时的盛衰，导致经济社会的巨大震荡。事实上，射阳经济社会的发展曾经一度陷入谷底，就与射阳曾经出现的塌方式腐败密切相关，也成为在全国轰动一时的"射阳现象"。仅从2014年3月起的7个月内，就先后有10名县处级官员被查处。腐败问题是一个与经济领域密切相连，并会对其产生严重影响的问题。贪腐官员一般都囿于利益关系，对于有些事情不敢干不愿干，对于另一些事情却又敢胡干想乱干，市场公平竞争的秩序被严重破坏，经济的正常运行被彻底扰乱，并形成清者无由出、浊者接踵至的政治生态圈，连带地方的社会风气、精神面貌都受到恶劣的影响。这也是射阳一度由辉煌到低谷，并导致"射阳怪现象"发生的根本原因。

新的继任者在履职伊始，就将整顿吏治、带领射阳尽快摆脱困局并步上健康快速发展道路作为施政纲领。其中，整顿吏治、重塑新的政治生态，又是各项工作中的重点所在。没有一支纪律严明、精神焕发、敢于担当的党员干部队伍，其他任何理想和抱负，都将沦为空想或梦想。新的一届领导层宣誓要努力做到勤政、廉政、依法行政，并以身作则，打造风清气正的新射阳。此后，又通过举办各类主题教育活动，组织全体科级以上干部封闭式学习，整治"为官不为、吃喝、赌博、玩圈子、老好人""五种不良习气"，以及"装聋作哑、装模作样、装腔作势""三装"不良现象，并构设立"状态+能力+实绩"的考核指标，实现"评人"和"评事"相结合，打通不称职、不适宜、不作为公务员"下"的渠道，逐渐形成了"整治+问责+曝光+激励"常控模式，推动党员干部履职尽责。

在一系列的强力整顿下，射阳的政治生态很快有了根本性转变。经过由乱而治的射阳人，开始由"人心思定"到"人心思进"，在"生态立县"发展战略的引领下，积极投身于射阳高质量发展的伟大事业中。在新的政治生态下，射阳广大干部群众实现了由"要我干"到"我要干"的精神蜕变，对于他们而言，"五加二""白加黑""吃三睡五干十六"这些信念已经深植于心、外化于行，争相为家乡这一方热土的发展出力献策，推动了射阳经济社会发展攀上新的高度。

由辉煌到低谷，特别是由低谷到新的辉煌，都只是用了很短时间，并伴以政治生态的由乱而治、经济社会发展质和量的跃变，这就是发生在这一片神奇土地上的"射阳现象"。

二 "射阳现象"的表现：绿色崛起和协调发展

要对"射阳现象"简而概括之，"绿色崛起，协调发展"应是其最基本也最突出的表现。崛起或发展的现象，在全国各地的经典例子俯拾皆是，甚至人人可道之者也不在少数。然而，能够同时做到绿色崛起和协调发展的，却又屈指可数，寥若晨星。生态、经济和社会，仿佛是一个不可能三角形，同时实现这三个目标，甚至其中两个目标，都是非常困难的。即使如今的世界发达城市，也大多是在付出了许多代价而次序实现的。射阳势必也是在满足一系列的主客观条件基础上，并付出了许多艰辛的努力后才可能做到。

（一）绿色崛起与"射阳现象"

2017年，盐城市9个县市区中，射阳地区生产总值达到500.02亿元，次于东台市812亿元、大丰区628亿元、建湖县510亿元，与盐都区500.2亿元基本相当，但是增速却达8.3%，位居九个县市区之首，其中，第三产业增加值的增速也最高，达到10.3%。但是，在射阳经济发展快速的背后，并不是污浊的空气和横流的污水，反而是满目的绿树和清流，以及遍布芦苇的湿地和其中或舞或步的丹顶鹤。这得益于射阳对生态立县战略的笃定，对绿色发展理念的坚持，并选择了策略性的经济社会发展路径，最终使绿色成为发展之魂，使发展成为绿色之翼，二者相得益彰，比翼齐飞。

生态园林特色城市初具雏形。目前，射阳城市建成区绿化覆盖面积1168.07公顷，绿化覆盖率43.8%；绿地面积1064.95公顷，绿地率39.98%；公园绿地面积376.26公顷，人均公园绿地面积15.29平方米。射阳还高起点做好城市主干道及节点绿化、市民公园建设工作，实施日月岛环湖绿廊、千鹤湖市民公园等15个项目。集镇绿化也在积极推进之中，黄沙港镇、海通镇获评盐城首批"森林小镇"称号，并开始着手洋马镇、盘湾镇和森林小镇的申报创建工作。在城镇绿化方面，射阳坚持将园林绿化建设与城市治理相结合，加快打造市民公园、生态走廊，不断彰显"人在城中、城在林中、月亮挂在树梢头"的生态园林城市特色。

城乡生态循环体系有效重构。丹顶鹤保护区坐落射阳境内，是国家一级保护动物丹顶鹤的重要越冬地，全县限制和禁止开发的"生态红线"面积占到全域面积的25%。因此，在城乡建设空间管控上，射阳按照"珍爱自然、修复生态"原则，严守耕地利用、开发强度、生态保护"三条红线"，对基本农田雷打不动加以保护，加大生态修复和环境再造力度，加强县城区域水系的循环沟通。形成了林地、绿地、湿地"三地融合"的生态基础空间以及贯穿东、西、南、北、中的五大绿色生态循环体系。沿海100公里的海岸线旁，"一片林"工程的推进如火如荼，2017年射阳在盐城沿海百万生态林建设综合考核中，获评第一名。

"3+3"主导产业生态化成效显著。按照"生态立县"战略部署，射阳逐步实施"淘汰关闭一批、转型发展一批、外迁转移一批"计划，老旧工业企业全部"退城进区"，多家化工企业先后关闭，成为名副其实的"无化工企业县"。同时，通过行业制造智能化升级，昔日棉纺大县正向绿色科技纺织强县嬗变，纺织、健康食品、机械电子3个传统产业经过绿色转型升级，已经变成中高端绿色产业的领跑者。工业园区的生态化改造也在不断提速，射阳经济开发区现已建成"省级生态工业园区"，盐城染整工业园区被评为"中国绿色染整研发生产基地"，并初步构建起企业内部"小循环"、园区工业"中循环"和经济社会"大循环"的循环经济空间格局。射阳拥有103公里海岸线、

108万亩滩涂，做足陆海联动、生态开发大文章。因此，射阳抓住最能体现资源禀赋优势的航空装备、新能源及装备和新兴建材3大新兴产业，培大做强，推动生态资源产业化。坚持风电、太阳能发电、生物发电、火电和热电联产"五电齐上"，大力引进风力发电和太阳能发电项目，建成全省新能源及其装备集聚示范基地。"3+3"主导产业的生态发展，为实现射阳绿色发展奠定了坚实的产业基础。

"生态+"产业化动力十足。绿色农业是重要的富民产业，射阳着力通过发展"三品一标"来做大生态农业，创立了稻米、大蒜、梨果、中药材、蚕桑、食用菌等一大批高产、优质、生态、安全的新型农产品品牌，"三品"基地总面积占主要农作物种植面积的71.96%。同时，射阳还浓墨重彩地勾画"彰显湿地自然风光优势和独特的沿海生态资源禀赋，建设既有区域文化内涵、又有射阳生态特色的旅游精品项目"的发展蓝图，接连打造"全国农业旅游示范点、省四星级乡村旅游点、省二星级乡村旅游点、休闲生态农庄项目"以及"精品湿地风光旅游线路"等，2017年接待境内、外游客所获得的旅游收入分别达到16.5亿元和692万美元，一个能够倾听浪歌鹤鸣、可以静观水绿林茂的新的特色旅游目的地开始呈现在世人面前。

（二）协调发展与"射阳现象"

在经济发展和生态保护的同时，射阳也非常重视社会民生与经济发展、生态保护的协调发展，在提高加强民生保障、改善公共服务条件、宜居环境等方面倾注了大量心血，付出了许多艰辛，但也取得了显著的成就。

救助全覆盖，"一全员四个托底"托起困难群体希望。射阳深入践行以人民为中心的发展思想，把人民对美好生活的向往作为奋斗目标，在全省率先实行"一全员四托底"民生救助办法，聚力实现幼有所育、学有所教、劳有所得、病有所医、老有所养、住有所居、弱有所扶。"一全员四托底"民生救助办法中的"一全员"是指实施全民健康体检工程;"四托底"是指对困境儿童和学生从出生到大学毕业前的生活、学习费用实行财政全额托底,对患重大疾病弱势群体实行全额免费托底,对生活困难群众实行春节、中秋等重大节日慰问托底,对危旧房特困户实行住房保障托底。射阳现有困境儿童和困境在校大学生、特困供养、城乡低保、重点优抚对象、20世纪60年代精减退职老职工、特困职工、重残、建档立卡扶贫对象8类困难群体约7万人,占总人口的7.3%。自2015年8月"四个托底"救助项目实施以来,全县已托底救助受益人数达到11.86万人次,县财政支付托底救助资金3.2亿元。同时,已为40.6万人实行免费健康体检。2017年,射阳一般公共预算支出75.1亿元,民生类支出62.4亿元,占比达83%。

共建共治共享,社会治理呈现新格局。坚持源头治理抓稳定。牢固树立"100去1等于0"的稳定理念,创新开展"无访无诉镇区、村居(社区)"建设,2017年度全县有53%的镇区和75%的村居(社区)达到创建先进标准,全县"四级信访"总量明显下降。坚持综合治理保平安。在全省率先实现政法维稳指挥、人民来访接待、综治信息研判、社会面技防监控"四频合一",在全市率先建成技防监控"村村通"工程;在全市首家组建平安法治志愿者协会,平安法治示范镇村试点经验在全市推广。坚持依法治理促和谐。率先推行行政执法与刑事司法互联互通,司法体制改革和涉法涉诉信访改革成效居全市前列,建成县、镇、村三级公共法律服务体系,"四网普法"覆盖城乡,全社会逐步形成自觉守法、办事依法、遇事找法、解决问题用法、化解矛盾靠法的法治环境。坚持系统治理惠民生。"智慧政务"覆盖全县政务服务领域,在全省率先整合"一张网"和12345平台;政府购买服务,为237个村居配备法律顾问,组建社会组织孵化基地,"法治驿站"覆盖全县所有村居;设置乡村专职文化宣传员,带动村民参与各类文体活动,丰富村民的文化生活。

改善医疗卫生条件,有效护航健康射阳。新港城人民医院、妇幼保健院两大民生工程于2018年年底建成开放,同时成功挂牌江北首家心脏病学陈义汉院士工作站、江苏首家国医大师石学敏院士工作站,签约10个名医工作室,并建成苏北一流的养老服务中心。射阳还高度重视基层卫生机构的作用。通过增大投入,完成17家卫生院和230家卫生室标准化建设,累计创成1个"全国百佳乡镇卫生院"、6个国家级群众满意乡镇卫生院、11个省示范乡镇卫生院,34个省示范村卫生室。通过提高基层门诊补偿费用,使镇卫生院补偿比例达50%,村卫生室补偿比例达55%,增强基层卫生机构的服务能力。2017年,全县总住院人次9.88万,其中镇卫生院4.97万,占比50.3%;镇卫生院二级以上手术达5060台次,住院分娩4255人。2017年射阳还荣获"江苏省基层卫生十强县(市、区)"称号。

教育优质均衡化,惠及更多鹤乡学子。射阳第三中学、港城实验小学和幼儿园的建成使用,改变了多年来没有新建一所公办学校的历史,实现了镇镇有公办幼儿园目标。射阳还加快推进教育现代化建设,办人民满意教育,各学校创建国家级牌子5个、省级牌子11个、市级牌子40个,中考、高考成绩连续多年保持全市领先,通过省县域基本教育现代化验收,建成省"中小学校责任督学挂牌督导创新县",被教育部确认为"全国义务教育发展基本均衡县"。

交通网络日趋完善,城乡群众出行更加便利。为了融入大市区,接轨大上海,射阳全面推进现代化综合交通网建设。3.5万吨级进港航道建成通航,成功获批一类临时开放口岸,实现万吨级国际货轮靠泊;国家中心渔港二期工程启动实施,建成华东地区首家2B级仪表导航通用机场并实现首飞,盐连铁路射阳客货运枢纽开工建设,盐射疏港高速、疏港铁路、疏港航道列入省级专项计划。在构建对外交通"主动脉"的同时，积极畅通内部"毛细血管"，实施了村公路提档升级"三年行动计划"，新改建农村公路217公里、桥梁107座，实现了全县13镇村公交全面开通，打通群众出行最后"一公里"。

城市功能不断强化，宜居环境显著改善。在加快城市绿化建设的同时，射阳不断加强污水管网等配套设施建设，有效改善市民居住条件。安徒生童话乐园、爱琴海购物公园等一批重点城建项目在射阳成功落户，千鹤湖公园等城市配套工程建设完成。国家一级标准的公共卫生间落成105座，城市通亮率达到98%以上，污水主管网则实现了全覆盖。

生态民生兼容并举，"绿色扶贫"大获成功。射阳还采取"农户挖塘、政府送树""尊重群众意愿，选送经济树种"的办法，将造林绿化与精准扶贫有机结合起来，对建档立卡低收入农户中有栽植树木意愿和管护能力的农户继续免费赠送不少于10株果树苗；对缺少劳力和技能的低收入农户，由村集体安排一块30—100亩的土地，作为扶贫基地，由村统一规划、统一购苗、统一栽植、统一管理，与农户签订分成协议，收益按比例分成，并强化技术指导和后期服务，把每户"小果园"真正打造成"长寿树、发财树、子孙树、健康树"。

三 "射阳现象"的特征：速度之箭上的高质量

射阳在"绿色崛起，协调发展"方面取得的突出成就，汇成了一道绮丽的"射阳现象"。"射阳现象"不仅具有普遍性，即昭示了经济、社会和生态之间协同发展的可能性，而且"射阳现象"还具有独特性，即"射阳现象"呈现出"速度高、转型快、质量好"等基本特征，特别是后者，深刻揭示了射阳人博爱忠贞、耐苦耐劳的"后羿"品格和坚强无畏、锲而不舍的

"精卫"精神。

(一)"射阳现象"特征之一:增速高

"射阳现象"的一个突出特征,就是在短期内扭转了竞争劣势,迅速跻身盐城县域第一方阵,并迈向高质量开启跻身江苏沿海县域第一方阵新征程。

表2—1描述了2013—2017年射阳地区生产总值和公共预算收入增速变化情况。2013年和2014年,射阳地区生产总值实际增速一直在盐城9个县(市、区)中排在末位,2015年和2016年攀升至第4位,2017年更是跃居首位。射阳公共预算收入增速更是令人咂舌,2013年和2014年也是在盐城9个县(市、区)中排在末位,2015年开始跃居首位,并在以后年度保持了这一领先地位。2017年,射阳列入市考核的22项主要经济指标增幅均居全市前列,一般公共预算收入等7项核心经济指标增幅列全市第一。2018年上半年,列入市考核的25项指标均超序时完成,24项指标增幅列全市前3位,其中一般公共预算收入、服务业增加值等4项指标列全市第一;工业投资同比增长29.5%,新审批项目数、计划投资额均居全市前列;82%规上企业建立产学研合作关系,37家企业成功"上云"……这一系列数据表明,增速高是"射阳现象"突出的特征之一。

表2—1　　　　2013—2017年射阳主要指标增速变化情况

年份	地区生产总值实际增速		公共预算收入同口径增速	
	数值(%)	盐城9个县(市、区)中的位次	数值(%)	盐城9个县(市、区)中的位次
2013	12.0	9	8.2	9
2014	9.8	9	-22.2	9
2015	10.5	4	17.5	1
2016	8.9	4	5.0	1

续表

年份	地区生产总值实际增速		公共预算收入同口径增速	
	数值（%）	盐城9个县（市、区）中的位次	数值（%）	盐城9个县（市、区）中的位次
2017	8.3	1	12.0	1

数据来源：根据《射阳统计年鉴（2017）》和盐城各县（市）历年《国民经济和社会发展统计公报》有关数据整理。

（二）"射阳现象"特征之二：转型快

"射阳现象"另一个突出特征，就是短期内成功推动了经济转型，产业结构向生态型、科技型和财源型方向演进，传统产业生态化、智能化改造顺利推进，新兴战略产业和特色产业迅猛发展，现代产业体系初步形成。

新能源、机械电子、健康产业、新型建材产业等新兴战略产业日益壮大。新能源产业依托远景风电，加快引进关联配套企业，形成全产业链竞争优势，打造东部沿海有影响力的智慧风电产业园。机械电子产业发展风生水起，瞄准智能终端、芯片研发制造、人工智能、汽车零部件制造，推动向高附加值环节攀升。健康产业迎来发展"黄金期"。健康产业着力做大捷康、辉山、益海、农垦等龙头企业，积极招引医疗、康养、健身等项目，形成了多业态融合格局。从稀到多，新型建材产业"点石成金"。射阳港经济开发区石材产业园正在重点建设石材全产业链项目，努力打造华东地区最大的石材交易中心、石文化传播中心、荒料集散中心。

特色产业从无到有，航空产业"振翅高飞"。射阳积极抢抓空域管理改革和低空空域开放步伐加快的机遇，申办省"十三五"开局之年第一个2B级仪表导航通用机场，航空装备产业园也正式开园。不少高特尖精的大企业已强势入驻，中澳整机项目、佳宝发动机项目、阳丰无人机项目……航空产业园已成为推动航空装备产业实现跨越式发展的中坚力量。

通过植入绿色、智慧元素，传统产能转化为发展新动能。全县纺织业智能化装备水平超过50%。一大批科技含量高、投资强度高、产业关联度强、社会影响力大的项目接连落地。纺织产业开始"换装"，制造走向"智造"，高端印染项目为高端纺织产业全面提档升级树立标杆。其中，题桥（江苏）高端纺织染整项目计划总投资60亿元，全部建成后，可实现年销售30亿元、利税5亿元。

射阳依托现有产业基础，做强航空、新材料、高端纺织、新型建材等特色产业基地，重点招引建链、补链、强链的产业项目，在较短时期内形成了全产业链集聚态势，转型快成为"射阳现象"的一个突出特征。

（三）"射阳现象"特征之三：质量好

"射阳现象"第三个突出特征，就是质量好，即实现了经济、社会和生态的协调发展，在推动产业附加值和企业效益不断提高的同时，显著改善了人民生活条件和社会生态环境。

根据江苏全面建成小康社会指标体系（2013年修订），在全面小康社会建设五大类22项36个指标中，2014年射阳有13个指标达到或超过小康标准，2015年有20个指标达到或超过小康标准，2016年26个指标达到或超过小康标准，2017年除了人均地区生产总值、二三产业增加值占GDP比重、城镇居民人均可支配收入、农村居民人均纯收入、城乡居民收入达标人口比例5个指标外，估测有31个指标超过或基本达到小康标准。

在江苏全面建成小康社会指标体系五大类指标中，射阳未达标的指标主要县域经济发展和人民生活方面，即人均地区生产总值、二三产业增加值占GDP比重、城镇居民人均可支配收入、农村居民人均纯收入、城乡居民收入达标人口比例5个指标，这些指标之所以未能达标，一方面是结构原因，另一方面是发展阶段原因。例如，射阳人均地区生产总值56531元，与江苏省以 2010 年不变价计算的人均 90000 元的目标值仍有差距，主要原因是尽管射阳近年来经济发展较快，但是仍然处于发展中阶段，发展尚不充分；同时，也有劳动力人口外流、常住人口中非劳动力人口比重较大的原因。三次产业结构和人均收入类指标的未能达标，则主要是发展阶段的限制，特别是人均收入水平较低，严重制约了人民生活水平的提高。

但是，射阳在社会发展、民主法治和生态环境等方面的指标全部超过或基本达到小康标准，而这些方面也正是反映一个地区高质量发展的关键所在。例如，2014 年社会发展类 9 个指标中射阳只有 3 个指标达标或者超过小康标准，生态环境类 7 个指标中只有 2 个指标达标或者超过小康标准，民主法治类 5 个指标中也有 1 个未达到或超过小康标准，然而，仅仅到 3 年后的 2017 年，社会发展、民主法治和生态环境等方面的 21 个指标超过或者基本达到小康标准。社会发展、民主法治和生态环境等方面的指标，区别于经济发展和人民生活，更多体现的是公共设施和公共服务方面的发展情况，主要属于公共产品而不是私人产品，通常应由政府来提供，也是政府能够有所作为和形成突破的领域，射阳在这些方面的高质量发展，恰恰反应了 2014 年以来，射阳各级政府在社会发展、民主法治和生态环境等方面所做出的巨大努力。

2017 年，射阳的绿色优质农产品比重超过 75%，城乡基本养老保险参保率高达 99.5%，城乡基本医疗保险参保率提高到 98%，城镇登记失业率只有 1.8%，获证食品生产企业抽检合格率高达 99.96%，药品生产环节抽检合格率维持在 100%，区域供水入户率增至 92%，行政村双车道四级公路覆盖率 100%，每千人口执业（助理）医师数 2.51 人，单位 GDP 能耗降至 0.34 吨标准煤/万元，空气质量达到优良天数比例升至 83.3%，地表水达到或优于 3 类比例维持在 80% 以上，一般工业固体废物综合利用率达到 96.97%，林木覆盖率增至 28.61%，注册志愿者人数占常住人口比重增至22.91%，公众安全感，法治建设满意度和党风廉政建设满意率分别达到98.5%、97%和94.23%。这些成就充分表明，质量好是"射阳现象"的又一个突出特征。

四 "射阳现象"的本质：高质量发展的典型样本

中国共产党第十八届中央委员会第五次全体会议，于2015年10月26—29日在北京举行。全会强调，实现"十三五"时期发展目标，破解发展难题，厚植发展优势，必须牢固树立并切实贯彻"创新、协调、绿色、开放、共享"的发展理念。这是关系中国发展全局的一场深刻变革。

党的十九大报告进一步指出，中国经济已由高速增长阶段转向高质量发展阶段。实现高质量发展，是保持经济社会持续健康发展的必然要求，是适应中国社会主要矛盾变化和全面建设社会主义现代化国家的必然要求。随着从高速增长向高质量发展迈进，中国经济正在开启新的时代。创新、协调、绿色、开放、共享的五大发展理念则是实现高质量发展的"金钥匙"。

"射阳现象"本质上是"五大发展理念"的生动实践，是新的时期实现经济社会高质量发展的典型样本。射阳在推动经济高质量发展过程中，始终坚持推动产业转型升级，寻求动力转换的新内核；通过绿色发展顺势破解国家自然保护区的约束瓶颈，不断提高新兴产业比重，构建多元化的绿色产业新体系；把增进人民福祉作为高质量发展的出发点和落脚点，致力于民生改善，创新性地提出"一全员和四托底"社会救助模式，有效构建了和谐的社会秩序。

五 "射阳现象"的启示：为何是射阳？

"射阳现象"表明，一个地区的发展完全可以在妥善处理与生态和社会的关系的基础上，实现经济的较快增长，特别是作为经济社会基本单元的县域经济体，更是可以通过发展思路的调整，战略路径的选择和人们的主观努力，在较短的时间内转变竞争态势，并步入绿色崛起和协调发展的轨道，在经济社会各方面实现高质量发展。那么，射阳究竟是如何在短期内实现"V"形的靓丽转型，并塑造了神奇的"射阳现象"呢？

（一）发展理念的正确引导是地方加快发展的基本前提

江苏盐城国家级珍禽自然保护区部分坐落射阳境内，是国家一级保护动物丹顶鹤的重要越冬地，这使射阳全县限制和禁止开发的"生态红线"面积占到全域面积的25%。在这种情况下，传统发展模式无法在射阳有效复制，"生态约束"一度成为射阳难以逾越的发展门槛。中央"五大发展理念"的提出，特别是绿色发展理念的提出，使射阳深刻认识到只有绿色发展道路才是射阳发展的必由之路，射阳开始把生态作为发展的根本依托和最大优势，大力发展绿色生产力和绿色高端产业，培育壮大生态型经济，实现生态效益和富民效益的"叠加双赢"。正是对绿色发展理念的认知和坚持，射阳在发展之路上才得到了正确的引导，并在短期内走出了低谷，实现了涅槃式发展。

（二）健康的政治生态是地方社会稳定和经济突破的根本保障

射阳在短期内跌入低谷，经济社会几近陷入混乱无序的状态，其中一个重要的原因，就是出现了"塌方式腐败"。这种腐败通常伴随着严重的官商勾结和利益共生，对经济社会的正常运行危害极大。"塌方式腐败"说明地方权力的监督制约机制的缺位，但也说明党员领导干部党性修养缺乏、宗旨意识淡化、党风廉政建设不足，即党的建设缺位在很大程度上助长了党员干部腐败的发生，并对其他党员干部的工作情绪和态度带来严重的负面冲击，政治生态陷入混乱。正是认识到这一点，在射阳经过"走马灯"式登台换将后，新任县委县政府领导班子才将加强党的建设，打造勤政、廉政、依法行政的党员干部队伍作为施政的第一要务，并通过开展一系列主题教育和建立更为严格有效的奖惩机制，迅速实现了整治吏治和稳定队伍的工作目标，政治生态开始由乱而治。面对"人心思齐、人心思进"新局面，射阳及时提出"一年打基础、两年进位次、三年争先进，三年干成五年事，力争'十三五'射阳跻身江苏沿海县域第一方阵"的奋斗目标，将全面从严治党和社会主义事业建设相结合，从此步入新的发展道路。

（三）改革创新精神是地方寻求有效发展路径的重要法宝

理念象征的是旗帜，党建锤炼的是队伍，改革创新精神创造的则是战术和策略。改革创新精神直接反映了领导者的决策能力和干部队伍的执行能力。射阳县委县政府的新任领导者们上任伊始，就顶住压力，决定在被广为诟病"彩虹工程"新射阳港加快10万吨深水大港建设步伐，而到了2017年3月，射阳港就获批国家一类临时开放口岸，当年7月万吨级国际货轮时隔40年首次直航。2017年港口吞吐量突破2000万吨、集装箱2万标箱，实现两年翻番，为10万吨级深水大港建设奠定了坚实的基础。同时，射阳创新城市经营方式，2014年一般公共预算支出为58.5亿元，2017年一般公共预算财力升至80.1亿元。射阳还别具眼光，认识到小厕所连着大民生，通过狠抓公厕建设使城市形象和城市品位显著提升，从而成为全国"厕所革命"的引领者。在主导产业选择上，射阳充分重视发展特色项目，寻求经济突破，航空装备、新型建材、新能源产业横空出世。秉持改革创新精神，射阳还对城市、产业和交通进行了前瞻性、全局性的谋划，有效实现了三大突破……同一片土地，不一样的思维，最终塑造出了另样的射阳。

（四）经营机制完善的国有企业是地方有序城镇化的助力器

国有经济占主导地位是社会主义公有制的具体体现，壮大和发展国有企业、促进国有资本保值增值是保持国有经济主导地位的内在要求。尽管如此，国有经济的主导地位并不体现在各个行业都占主导，竞争性和创新性领域需要更多类型的市场主体的参与，原则上国有经济应该退出这些领域，而只在关系国计民生的领域保持主导地位。对于一个地方而言，就是在资本密集性和较少创新性的基础设施、公共设施和房地产开发建设等领域，适宜保持国有经济的主导地位，以降低城镇化的成本和获取更大的城镇化收益，为城镇化的有序推进提供充足的财力保障。正是认识到这一点，射阳组建了六大国有公司，并对不同类型的国有企业实行分类监管和差别考核，鼓励其市场化运作，积极参与城镇化项目的建设，将更多的利润锁定在公有制经济体系内，防止房地产开发企业获取暴利并加重城镇化的负担。要做到这一点并不是一件轻而易举的事，这事实上也意味着要割断政府部门与房地产开发商的利益输送关系，非廉洁自律的政府不能为之。结果也证明，射阳国有经济的发展壮大，为城镇化的推进发挥了重要的促进作用，并以另一种形式壮大和保有了国有资产，为地方未来的发展留下了充足的腾挪空间。

（五）民生关怀是地方协调发展的原动力和扩大内需的新引领

民生关怀是发展社会主义事业的终极目标。尽管如此，围于地方财力的制约，以及过于以经济指标为中心的考核机制，很多地方并没有足够的人情和能力发展民生事业，使民生事业长期处于经济社会发展的短板地位。射阳则充分认识到民生关怀的终极意义，也深刻认识到民生关怀是贯彻中央提出的"协调发展理念"、推动地方经济社会生态协调发展的重要方面，同时也敏锐地捕捉到发展民生事业也是应对经济增速换挡、扩大内需的新领域。正是基于这样的认识，射阳秉持"树栽多少都不会错，穷怎么帮也不会过"的思想理念，一方面"提顶"，即发展优质的教育、医疗和养老等事业；另一方面"托底"，即创新性地推出"一全员四托底"，使人们不仅能享受到越来越好的公共服务，而且确保发展致富的路上没有一个人落队。民生关怀带来的是射阳教育医疗和养老等设施和服务的改善、城乡居民社会保障体系的完善和人民群众日益增长的幸福感，公共投资和公共消费也迈上了一个新台阶，并由此也刺激了私人消费，扩大地区需求。

第三章 绿色城市：绘就生态宜居新港城

一 稳固的发展基础

近年来，射阳经济社会发展取得新的积极成效，为更好适应经济新常态和高质量发展奠定了良好的基础。进入新千年以后，射阳经济总量加速增长，名义地区生产总值从2000年的69.52亿元增长到2017年的500.02亿元，增长超过6倍。2000—2017年间，按可比价格计算的GDP增长率平均水平约为12.03%，高于全国县域经济同期平均水平（如图3—1）。人均GDP从2000年的6611元增长到2017年的56531元，名义水平增长了7.6倍。在2013年前后，随着中国经济进入发展新常态，射阳经济社会发展也面临更多从高速度到高质量的调整和转换，从经济总量的增速上看明显回落，2013—2017年各年实际增速分别回落到12.0%、9.8%、10.5%、8.9%和8.3%，但与其他地区县域经济相比，仍然属于较快增长水平。

从三次产业结构上面看，射阳产业结构调整不断取得新的成效，二三产业增加值占地区生产总值的比重稳步提高。2000—2017年，第二产业和第三产业占GDP的比重从65.1%转变到82.78%，县域经济工业化、服务化趋势明显。

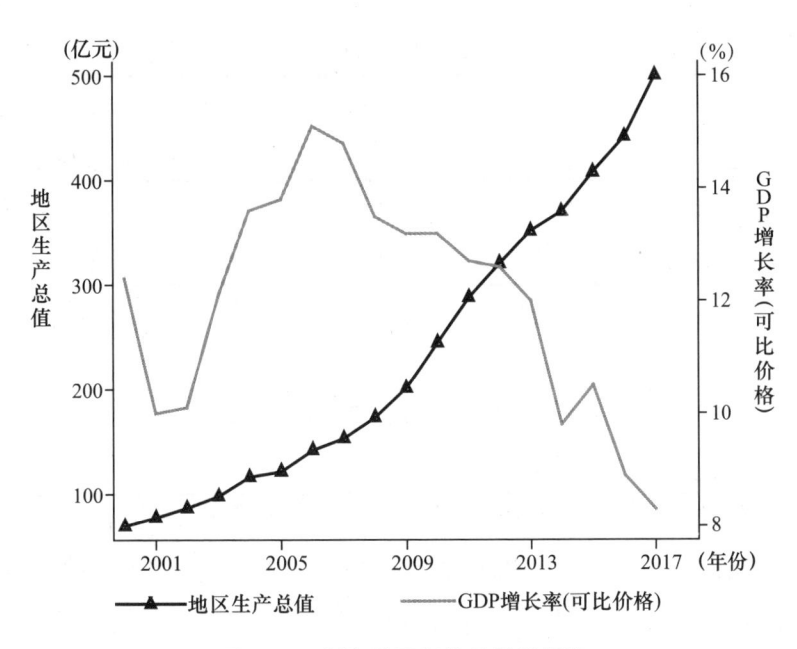

图 3—1 射阳地区经济总量及增速

数据来源：根据历年《盐城统计年鉴》相关数据绘制。

全县公共财政收入稳步增长，2009年射阳以10.01亿元的公共财政收入进入全国公共财政收入超过10亿元县域经济方阵，此后三年呈现加速增长态势，2012年公共财政收入首次超过20亿元。2013—2014年，由于国税和地税部门的收入来源调整，尤其是2014年的地税部门收入减少明显，地税收入从2013年的18.2亿元减少到2014年的10.04亿元，减少36%，2014年公共财政收入从上一年的22.5亿元下降到17.5亿元。不过，自2015年开始，射阳公共预算收入重新进入20亿元县域方阵，2015—2017年公共财政预算收入分别为20.56亿元、21.58亿元和24.18亿元，根据射阳县政府部门发布的统计公报，2016年公共财政收入增速首次位居全省各县（市）第一位。

城乡居民生活水平不断提高，生活条件不断改善。截至2017年年末，射阳实现城镇居民年人均可支配收入28816元，农村居民年人均可支配收入18064元，增长速度均超过地区生产总值增速。城乡基本养老保险参保率、城乡基本医疗保险参保率、失业保险参保率分别达到99.5%、98%和97.2%，城乡居民养老金，社会化发放率达100%，全面实现了应保尽保，应发尽发。此外，城乡建设、棚户区改造、文化建设、环境保护等不断取得新的进展，就业创业机会不断增加，居民生活条件不断改善，绿色发展基础不断巩固。

二 绿色的生态环境

生态环境指标是衡量绿色发展成效最重要的指标。洁净的空气和饮水、无污染的粮食作物生长环境、低耗能低排放的生产等，从整体上决定了一个绿色城市的面貌，相关研究表明，生态环境的绿色程度直接影响居民生活的主观幸福感。伴随着社会经济从高速增长向高质量发展的转变，射阳生态环境状况不断改善。特别是近年以来，更加注重让环境保护与经济社会发展同行，人民生活的生态环境更加趋于干净优美。

（一）适宜的气候和生物多样性

射阳坐落在北半球中纬度和欧亚大陆沿海边缘，是典型的海洋性气候。这里四季分明，光照充足，雨量充沛，霜期不长，气候温和而湿润，为动植物的生长和繁衍提供了良好条件。最近几年年平均气温14—16℃，气温最低的月份是1月，平均气温在1℃左右；7月和8月通常是一年中最热的时候，平均气温27—28℃。年降水量为1200毫米左右，日照时常为2200小时左右。温度和湿度适合大量生物的生存，也非常适合人类居住。

射阳濒临黄海，有得天独厚的滩涂资源。滩涂沼泽广袤，水草肥美，鱼虾、贝类丰富，是鸟类繁衍的理想"天堂"。潮间带底栖生物有100种以上。滨海浅海区域经济鱼类有20种以上，其中黄鱼、马鲛、鲳鳊、带鱼等是名贵产品。各类经济贝类繁多，主要为青蛤、文哈、四角蛤、缢蛏、泥螺、小蟹等。此外还有沙蚕、盐蒿。潮上带滩涂植物资源相当丰富，滩涂湿地上生长着芦苇、茅草、大米草、芦竹等40种以上纤维植物，有半夏、何首乌、龙胆草、益母草等野生药用植物100多种，有薄荷、留兰香、玫瑰、紫罗兰、柠檬等耐盐的香料植物，有乌桕、蓖麻、油莎豆等油料作物。林木有190种以上，花卉140种以上。滩面芦苇、蒿草生长丰茂，特别是芦苇，是造纸的好原料，被人们誉为"无种金苗"。海堤内，沟河纵横，水网密布，是天然的淡水鱼场，全县淡水鱼50多种，其中金色鲤鱼、鳊花、白条、黑头卿、鲦花是名扬全国的珍品。

广袤的滩涂湿地上鸟类资源丰富，是东北亚与澳大利亚候鸟迁徙的重要停歇地，有300种以上鸟类在此栖息繁衍。每年约有200种、300万只岸鸟迁飞经过，大量以雁鸭类为主的水禽在此越冬，是国家一级保护动物丹顶鹤的重要越冬地，约占其野外种群数量的一半以上，因此射阳素有"鹤乡"之称。两栖、爬行动物和河麂等兽类资源也在42种以上。

射阳全境地势平坦，河渠纵横，交通便利，土地肥沃，物产富饶，盛产粮棉鱼，素有"鱼米之乡"的美称。射阳是全国棉花、粮食、蒜薹、食用菌、果蔬、蚕茧、产品重点生产县之一。先后被命名为中国产业百强县、全国粮食生产先进县、全国棉花生产状元县、全国果蔬生产十强县、中国药材之乡、中国蒜薹之乡、中国食用菌之乡、全国生猪调出大县、全国蜂产品出口基地，射阳大米、洋马菊花为中国地理标志产品。

（二）面积广袤的国家级自然保护区

自然保护区是生态环境的屏障，能够为人类与永续自然和谐相处提供保障，不仅具有重要的生态价值，而且具有重要的美学价值。由于其往往是一些珍贵稀有物种的集中分布区，候鸟繁殖、越冬或迁徙的停歇地，以及某些饲养动物和栽培植物野生近缘种的集中产地，具有典型性或特殊性的生态系统，同时其非核心区也常是风光绮丽的天然风景区。

射阳范围内具有中国最大的海岸湿地保护区——江苏盐城国家级珍禽自然保护区的部分范围。由江苏省人民政府于1983年批准建立，1992年经国务院批准晋升为国家级自然保护区，同年11月被联合国教科文组织世界人与生物圈协调理事会批准为生物圈保护区，成为中国第九个"世界生物圈保护区网络成员"，1999年被纳入"东亚——澳大利亚迁徙涉禽保护网络"。该保护区地势平坦，气候温和，无霜期长，降雨量丰沛，日光辐射充足。在气候与动物区系分布上，属北亚热带向暖温带、古北界向东洋界过渡地带，因此，物种丰富。区内有植物450种，鸟类379种，两栖、爬行类动物45种，鱼类281种，哺乳类47种。其中国家重点保护的一类野生动物有丹顶鹤、白头鹤、白鹤、白鹳、黑鹳、中华秋沙鸭、遗鸥、大鸨、金雕、白肩雕、白尾海雕、白鲟、獐13种，二类国家重点保护的野生动物有66种，如白枕鹤、灰鹤、黑脸琵鹭、大天鹅、小青脚鹬、鸳鸯、鹊鹞、斑海豹等。

保护区是国家一级保护动物丹顶鹤最重要的越冬地，跨东台、大丰、射阳、滨海和响水五县（市）滩涂，主要保护丹顶鹤等珍稀野生动物及其赖以生存的滩涂湿地生态系统。射阳当地居民通常将江苏盐城国家级珍禽自然保护区在射阳的范围称之为射阳丹顶鹤保护区。

（三）优良的空气和纯净的水源

整体而言，射阳空气环境质量较好，优于全国大多数县域，近年来空气环境质量又获得了较为明显的改善。以2013年以来为例，射阳历年空气质量标准均达到环境空气质量二级标准及以上，空气中二氧化硫、二氧化氮、PM10、PM2.5年均浓度整体上呈现稳步下降趋势。依据《环境空气质量指数（AQI）技术规定（试行）》国家标准，射阳2014年空气质量优良天数为294天，2017年增加至304天。根据相关监测数据显示，射阳已连续13年未出现酸雨情况，随着大气污染治理的深入推进，酸雨污染问题已经解决。

最近两年，射阳持续推进大气污染防治工作，以期促进空气质量的进一步改善。例如，2016年以来，射阳加大县大气污染防治联席会议以及全县大气污染防治工作的领导和组织力度，严格考核评估，建立定期考核排名和通报制度。重抓监管和污染综合防治，重点整治全县包装、印刷、表面涂装等重点行业企业，全面开展VOCs污染治理，严格机动车排放标准，新注册车辆实施国五汽、柴油车排放标准。加大黄标车淘汰力度，实现黄标车全面淘汰。严格执行建筑工地施工扬尘控制管理规定，加大扬尘污染执法监管力度，推进干散货码头堆场建设防风抑尘设施或实施封闭储存。推进秸秆生物质能规范利用，着力巩固禁烧成果，保持秸秆焚烧"零火点"记录。全面贯彻落实省绿色建筑发展条例，构建完善绿色建筑发展全过程闭合监管体系，城镇民用建筑全面按照绿色建筑设计标准设计建造。推进燃煤锅炉整治，2016年累计完成整治燃煤锅炉192台。经环保部和省环保厅审核认定，2016年射阳县大气、水主要污染物减排超额完成年度减排任务，在全市各县（市）区排名第一。

2017年，对上一年燃煤锅炉整治情况进行"回头看"，进一步扩大高污染禁燃区范围，明确燃煤锅炉整治任务，加强相关部门及镇（区）、农盐场的协调沟通，协同开展燃煤锅炉整治，形成强大合力，完成122台燃煤锅炉整治任务。同时，大力开展挥发性有机物污染治理、大气主要污染物减排工作。对挥发性有机物污染治理形成"一厂一策"，督促企业逐一整改，确保挥发性有机物污染治理到位，共治理完成26家企业。进一步地，为有效控制、减少或消除重污染天气条件下的风险和危害，维护公众身体健康和社会稳定，射阳县政府制定出台了重污染天气应急预案。根据预案，当本县发生或即将发生大范围区域重污染天气时，县大气污染防治联席会议即转为县重污染天气应急指挥中心，组织重污染天气形势研判及预警信息的发布，指导县内重污染天气发生地区的应急处置工作。发布预警信息后，指挥中心办公室立即向各成员单位下达启动应急响应的指令，并组织有关部门和相关企业单位进入应急响应状态，采取相应级别的响应措施。

饮用水方面，全县城区两个主要集中饮水水源水质改善明显。按照国家《地表水环境质量标准》（GB3838-2002）中Ⅲ类标准评价，射阳河学尖渡口集中式饮用水源取水口，2015年水质达标率为92.0%，2017年水质达标率提高到96.7%；明湖水厂集中式饮用水源取水口，2015年水质达标率为96.1%，2017年水质达标率提高到97.5%。整体上看，射阳城区居民能够获得较为洁净的空气和饮水。

最近两年，射阳持续推进水污染治理工作，以期促进水体环境质量的进一步改善。2016年，按照饮用水环境质量"只能变好、不能变坏"要求，多管齐下，不断提高工业污染防治、城乡生活污水治理水平，推进农业农村污染防治，加强水资源保护，全力保障饮用水安全。加强饮用水源地保护和区域供水管网建设，铺设一级供水管网186公里、二级管网143.3公里、三级管网2358公里，处置农村小水厂172座，城乡区域供水覆盖率100%。水质在线监测装置安装到位，城乡集中式饮用水源水质达标率100%。2017年以来，为加快推进全县水污染防治工作，解决水环境、水生态保护中存在的问题，加大责任落实和机制创新力度，有效改善水环境质量，实行县级"断面长"制度，党、政主要负责同志担任国考、省控断面"断面长"，指导做好达标断面水质保障工作。成立县分管领导任组长、相关部门为成员单位的县水污染防治联席会议，定期会办研究水污染防治工作。各部门各负其责，通力合作，形成合力，持续开展水污染防治。为进一步加强水源地保护，保障饮用水环境安全，射阳2017年完成了明湖饮用水源地保护区划定和射阳河集中式水源地保护区调整划分工作。大力开展饮用水源地一、二级保护区内禁养区畜禽养殖场所关闭工作，累计关闭养殖场45家，射阳河沿线海河、四明、合德、海通等镇网箱清理380只，鱼簖257只。完成饮用水源地一级保护区内千秋镇7户居民搬迁，合德镇边港村13户居民搬迁。严把项目准入关和规划关，凡水源地一、二级保护区内与供水设施和保护水源无关的新、改、扩建建设项目坚决不批。为切实推进饮用水源地达标建设工作，县政府专门成立县饮用水源地达标建设工作领导小组，强化责任追究，将饮用水源地达标建设作为生态文明建设的重要内容列入年终考核。

（四）绿色城市的护航者——"263"行动

另外，在着力推进中央和省级环保督察反馈问题整改的过程中，射阳以"263"专项行动为契机，坚持打好碧水蓝天保卫战。

2016年年底，江苏省人民政府为了在全省范围内改善生态环境质量、打好碧水蓝天保卫战，制定了一系列专项行动路线图，通过减少煤炭消耗总量和落后化工产能，有效治理太湖破坏、生活垃圾、黑臭河道、挥发性有机物、畜禽养殖污染、环境隐患等问题，从而提升生态保护水平、执法监管水平和经济调控水平。由省政府办公厅于2017年2月通过《江苏省"两减六治三提升"专项行动实施方案》，并分为11个子方案印发，被简称为"263"专项整治工作。

自2016年年底以来，射阳以"263"专项行动为依托，大力开展生态环境整治行动。一是在县级层面成立"263"专项行动领导小组，领导小组下设办公室，具体负责全县"263"专项行动的综合协调、督查推进等各项工作。各乡镇成立由镇长或书记担任小组长的乡镇级领导小组，全面推进行动方案在基层的落实。二是要求程序上严格落实。要求县、乡镇、开发区等各层面都高度重视，要严格工作制度，要求常驻人员脱产办公，其他成员要落实好集中办公。要求领导小组全体成员将"263"专项整治工作排在首要的工作位置。三是及时通报排查、整治情况。对于排查出的问题，要求各责任部门立即细化整改方案，明确时间节点，做到切实可行，步步推进，并及时汇报整改进度。同时要抓住重点，仔细反复进行排查，发现问题及时处理。同时要做好两手准备，一手抓落实、抓整改，一手抓对策、抓反应，从多个角度预防问题、解决问题。四是强化专项行动督查考核。严格考核奖惩，制定出台《射阳"263"专项行动考核实施意见》，明确考核重点内容和奖惩措施，对专项行动推进不力、未完成年度重点任务的镇区部门严肃追责，对被市级以上媒体曝光的镇区部门，在县"目标任务综合绩效考核"中实施"一票否决"。

三 健康的医养环境

（一）公共医疗和卫生日益改善

射阳重视不断改善居民的医疗卫生条件，随着医疗保险覆盖水平的提高，以及公共医疗条件的改善，全县医疗卫生及计划生育支出不断增加。2001年，财政支出中的医疗卫生费用支出为1816万元，折合到人均支出不足18元；2010年，人均医疗支出增加到192.65元；2017年，这一人均支出进一步增加到1200余元。从2001—2017年，射阳人均医疗卫生和计划生育支出的名义水平增长了65倍，大约翻了6番有余（如图3—2）。这其中固然包括医疗卫生制度改革带来的统计口径变化的因素，以及医疗卫生服务及药品价格上升的因素，但其中最重要的方面是医疗卫生条件的改善以及对居民覆盖水平的提高。从医疗

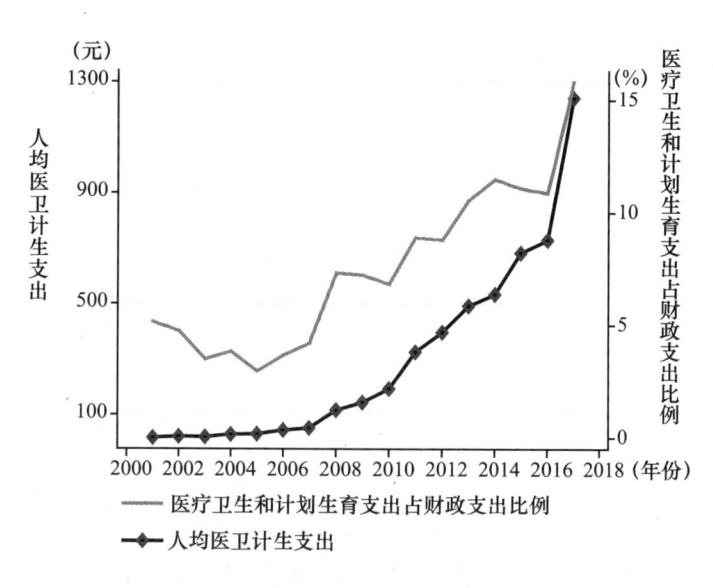

图 3—2 射阳公共医疗卫生和计划生育支出情况

数据来源：根据《盐城统计年鉴》（历年）相关数据计算和绘制，其中 2017 年相关数据来自《2017 年射阳国民经济和社会发展统计公报》和射阳卫计委部门决算公开信息。

卫生及计划生育支出占县财政支出的比重来看，2001—2005 年经历了 5 年的平缓下降之后迅速增加，2016 年医疗卫生及计划生育支出占财政支出的比重从 2005 年的 2.96% 增加到 10.87%，2017 年则进一步增加到 15.8%。

在公共财政支出中，医疗卫生及计划生育支出反映了政府对公共医疗卫生的责任程度，一般包括了医疗卫生管理事务、公立医院、基层医疗卫生机构支出、公共卫生、医疗保障、中医药、食品和药品监督管理事务、计划生育等方面的财政支出。这项支出占财政收入比重的提高，通常意味着政府将医疗卫生和计划生育事业放到更加突出的位置，是更加注重民生在健康领域的具体体现。

（二）"健康射阳"覆盖面不断扩展

除了卫生领域的支出占公共财政比重的增加以及人均财政

经费的增加之外，射阳近年来不断在改善居民健康水平上推出新的举措，不断推进"健康射阳"建设。

从党和政府的工作思路上看，对全民健康都给予了高度的重视。每一年年初，射阳卫生和计划生育业务主管部门都会制定具有较强操作性的工作意见，较为明确地提出了当年医疗卫生和计划生育工作的主要目标及主要任务、措施保障，并对部门工作任务制定了时间表。例如，在射阳2018年全县卫生计生工作意见中，明确提出了当年的主要工作目标是加快提升卫生质量，全力打造健康射阳，推动全县卫生计生工作跻身江苏沿海县域第一方阵，保持全市领先位次；建成新港城人民医院、县妇幼保健院，积极筹建县中医院新院区，推进3个镇级区域性医疗卫生中心建设，进一步提升村卫生室服务能力，促进乡村振兴战略实施；加大卫生人才招引，推动"2+10"院士工作站、名医工作室运行向深度拓展、向广度延伸，建立现代医疗高速信息通道。全面开展全民健康体检，建立健全居民健康档案；进一步完善分级诊疗、家庭医生签约服务制度建设；狠抓重大疾病防控能力提升，全县甲、乙类传染病总发病率控制在120/10万以内，婴儿死亡率和出生缺陷发生率均控制在5‰以下；争取年内建成1个省示范镇卫生院、2个省示范村卫生室和2—3个省级卫生镇。并将以上工作目标，通过任务分解的方式，详细规划了具体执行的线路图。

最近，射阳又推出了加快健康射阳建设的三年行动计划，制定了《射阳加快卫生事业发展三年行动计划（2018—2020年)》，以紧紧围绕全心惠民生，以群众健康为核心，以高质量发展为目标，突出抓好人才队伍、阵地建设、服务质量、医疗体系等重点工作，力求持续办好人民满意卫生事业，为全县高水平建成小康社会，加快推进全县医疗卫生事业发展。在人才队伍建设方面，该行动计划将在2018—2020年实现招引高层次人才15人、中青年骨干105人、成熟人才300人；到2020年，力争创成1个三级医院；在服务质量方面，不断深化医疗托底救助，全面落实贫困对象重大疾病免费检查和慢性病免费供药制度。分级诊疗工作在全市领先，县域内就诊率90%以上；在医疗体系建设方面，深层次发挥院士名医技术引领优势，加快区域性基层医疗卫生中心建设，完善家庭医生签约服务，构建"以县级医院为龙头、镇卫生院为骨干、村卫生室为网底"的三级医疗服务体系。2018年，建成健康体检、心脏介入、医学影像、病理会诊、肿瘤治疗五大医疗中心；2019年，建成医疗护理质量控制中心、学术培训中心；2020年，建成信息化管理中心。创成1个省级临床重点专科，新增7个市级重点专科。

此外，射阳从2017年下半年开始，推出了全民健康体检工程，计划利用两年的时间，让全县常住人口至少进行一次免费的健康体检。旨在通过全民健康体检，促进广大群众增强对自身身体情况的了解，普遍接受一次健康知识教育，做到疾病早发现、早诊断、早治疗，实现未病先防、小病早治；同时进一步提升基层基本公共卫生服务能力，完善居民电子健康档案，全面掌握各类人群健康状况，制定科学性、针对性、操作性较强的干预策略与应对措施。

整体上看，射阳医疗卫生条件不断改善，事关每一个射阳人切身利益的健康射阳行动不断深入推进，居民健康保障水平不断提高。

（三）康养保障体系逐渐形成

目前，射阳60周岁及以上年龄的人口占全县总人口的近20%，据不完全统计，超过80周岁的高龄老人约为2.4万人，人口老龄化呈现基数大、增幅快、寿龄高、空巢多等特点。近年来，全县老龄工作按照"政府主导、政策扶持、社会参与、市场推动"的原则，以改革创新为动力、以搞好老年人服务、提升老年人生活质量为目标，坚持政府主导和社会参与、家庭养老和社会养老、公益性服务与经营性服务相结合，建立健全与人口老龄化进程相适应、与经济社会发展相协调、以居家养老为基础、社区服务为依托、机构养老为支撑、信息服务为辅助的社会养老服务体系。

从2013年开始，射阳对提升养老保障水平加大了力度。当年下半年发布了《射阳人民政府关于加快推进我县社会养老服务体系建设的意见》，对全县人口老龄化现状、养老设施及养老服务现状、存在的问题等多个方面进行了客观的评估，并提出了未来几年的建设构想。"十二五"期末，射阳建有公办养老机构17家，民办养老机构9家，公办养老机构医疗服务配备达标率100%，民办养老机构医疗服务配备达标率66.7%。已建有社区居家养老服务中心（站）223个，城市社区覆盖率为100%，农村社区覆盖率为92%。社区用房支持养老总面积达1.83万平方米，全县拥有各类养老床位6578张，其中护理床位1505张，社会办养老床位数1419张，每千名老人拥有养老床位37.5张。老年人助餐点在2015年从无到有，城区建有6家，农村建有9家。

根据《射阳"十三五"养老服务业发展规划》，射阳将在2020年之前实现以下目标：省级标准化居家养老服务中心（站）城市社区覆盖率达100%，农村社区覆盖率达50%以上。每个镇都建有1—2家民办或公办民营养老服务机构。建立2家县城综合日间照料中心，每个镇区建成一家以上农村"老年关爱之家"或500平方米以上的日间照料中心；原则上每个社区建设一个老年人助餐点；建成县综合养老中心并投入使用，新增床位1500张；新建民办养老机构8个，新增床位1000张；每千名老年人拥有养老床位数40张，护理型床位占养老机构总床位50%以上。养老机构实现医疗卫生服务全覆盖，为机构内老年人提供更加完善的医疗、康复护理服务。医疗卫生机构开设老年人挂号、就医等绿色通道，力争建设老年护理院（或康复医院）2所。由此可见，射阳老有所养的保障水平将不断提高。

智慧养老工程不断推进。针对大多数老人在农村分散居住的现状，射阳最近与新华网签约，合作打造新华智慧养老聚合服务系统平台。该平台主要面对居家老人，包括一个平台，六个中心（120急救中心、便民服务中心、医疗服务中心、社区体检中心、日间照料中心和养老机构）。项目将采取合作共建、政府购买服务形式，打造网格化新华居家养老服务模式，用一至二年的时间完成一套涵盖居家养老上门服务的管理标准，建立社区居家照护信息化服务的管理系统。建成后，将以养老服务信息平台为指挥中心，以镇居家养老服务中心为管理中心，以村居家养老服务中心（站）为服务中心，建立专业服务队伍，健全服务网络，为每一位居家老人构建安全、充实、尊严、快乐的老年生活。

四 优质的教育环境

射阳教育条件较为优越，尤其是中学教育和小学教育。近年来，射阳对教育的投入力度加大，教育质量不断提高，校园基础设施处于同类县域中的领先水平。

截至2017年年末，全县共有各类中小学校65所，其中高中5所、初中24所、九年一贯制学校5所、小学31所。在校学生近8万人，其中义务教育阶段学生近7万人，高中在校生1万余人。2016年以来，射阳大力推进"让学引思"课堂教学改革，先后召开小学、初中、高中教学工作会议，举办校长沙龙、校长论坛、教学开放周等，组织"精细管理家家到"现场观摩、初中学校"做最好的自己"主题实践活动。以3所省级实验小学为龙头，组建县城小学教育集团，实行统一推进整体工作，统一实施教育教学计划，统一联动教师发展研修，统一落实学生培养目标，统一共享教育教学资源。2018年，射阳高考再创新高，分数超过本科一批控制线的人数达720人，超过本科第二批控制线的人数达到2247人，本科达线人数再次增加；中考700分以上高分段人数再次领跑盐城市。

射阳教育局公开的信息显示，射阳一直凸显教育优先地位、突出教育质量这条"生命线"。坚持以最高标准支持和保障教育事业发展，县委常委会、县政府常务会多次听取教育工作汇报，专题研究教育工作，明确打造"学在射阳"教育品牌、办好人民满意教育的目标任务，让人民在美好教育中分享幸福。射阳目前正在高标准推进重点项目。坚持高标准规划新城教育组团建设，按照森林公园和儿童乐园的标准，建设全省乃至全国一流的新城国际初中、新城实验小学和新城国际幼儿园。正在开工建设的同心实验幼儿园，与盐城幼儿高等师范专科学校开展深度合作，共同建设一流基地园。

此外，射阳高度重视优秀教师队伍建设。以"双创一争"主题教育实践活动为抓手，扎实开展"大学习大调研大落实""解放思想大讨论"活动，深入推进整治"五种不良习气""六个专项整治"和"正风肃纪校园行"。近年来，赴南京师范大学等4所省内高校现场招聘研究生15人，面向社会招聘教师120人，落实乡村师范生定向培养计划70人，新引进县外名师4人，新增名师工作室4个，1人入选首届省级领航名师。

五　舒适的居住环境

一个城市的宜居性，还特别明显地体现在与居民日常生活息息相关的各类设施的便捷性。通常，除了适宜的气候特征以及洁净的空气等自然条件和前文分析过的医疗卫生和教育环境之外，便捷的城市交通、充足的人均绿地、较高的可支配收入、较充分的文化娱乐设施、现代化的市政服务等对应着较高的人居环境指数。

第三章　绿色城市：绘就生态宜居新港城

（一）充足的休憩之所：公园和景点

射阳城及周边镇区具有 10 余处具有代表性的公园和景点，绿树成荫、鸟语花香、交通通达性良好，能够为市民提供丰富的休憩场所。近年来，县立足"一个真实的故事，一座有爱的小城"的城市内涵，积极推进城市公园、图书馆、纪念馆、博物馆、文化艺术中心等文化基础设施提档升级，并组织开展形式多样的文化活动，不断塑造城市全新形象，增进宜居性能。

2018 年上半年刚刚投入使用的大型综合公园——射阳千鹤湖公园，5 月份首次开园就引来万人空巷。射阳千鹤湖公园总占地面积约 400 亩，突出"鹤文化主题"，具有创新文化轴、环湖景观带、生态休闲区、浪漫多彩区和互动体验区的"一轴一带三区"的景观格局，水幕电影、音乐喷泉、特色小镇、步道长廊等设施相映成趣，彰显出温馨浪漫的城市形象。射阳日月岛生态旅游区正在加快建设，这一大型项目计划总投资 202 亿元，按照"一环九片区"的布局，全面打造"环岛绿廊、游客中心、童话水乡、日月欢歌、竹海梵音、缤纷田园、沧海桑田、梦幻方舟、绿岛慧谷、丹鹤小镇"十大组团，突出"海风河韵、水绿生态"的主题定位，做足水上文章，展现绿色风采。按照"珍贵化、彩色化、效益化"的要求，在内外环建设万亩彩色林，全岛绿化面积占陆域面积的 80% 以上，真正将日月岛打造成生态绿岛、天然氧吧。射阳息心寺是国家 AAAA 级旅游景区，位于射阳风光旖旎的射阳岛上，始建于明万历年间，经过重建后的寺院建筑恢宏，僧侣有序，银杏苍翠，百鸟翔集，已成为一个集旅游观光、礼佛修心、文化交流于一体的佛教文化圣地。位于合德镇的射阳后羿文化园根据"射阳"县名的来历及"后羿射日"的文化传说而设立，已建成国家 AAA 级景区，包括"后羿射日"的文化景观以及垂钓中心、水上游船、游览车、儿童广场、清雅茶室、文化岛等休闲娱乐项目。此外，射阳还具有滨湖公园、友爱生态农业观光园、射阳黄沙港生态园、景隆生态园等一大批休闲场所。2017年，射阳建成了海河农耕文化博物馆暨海河文化分馆，并成功开馆，射阳博物馆建设有序推进。此外，文化活动丰富。据不完全统计，仅2018年上半年，射阳举办的文化活动就有上百场次。

（二）增收机会：不断增强的获得感

可支配收入与刚性支出之间的关系，是居民所关心的切身福利，也是居民体会到城市宜居性、获得感的最直接指标之一。最近几年，射阳城镇居民人均可支配收入继续稳步增长，最近三年（2015—2017年）城镇居民人均可支配收入分别是24460元、26509元、28816元，居民消费能力不断增强。收入与住房价格的比例关系，是城市居民最为关注的话题之一，也直接反映了除去住房需求之后的潜在生活水平。目前来看，作为交通便捷、临江靠海的射阳城中心区域，新建较高档次的普通商品住宅，每平方米的销售价格约为5400—5800元，如位于射阳幸福大道与黄海路交界处的"幸福壹号公馆"、位于兴海路和解放路交叉口的"金色阳光"，以及位于射阳河畔"金水美墅"等较高端住宅项目的平均单价（2018年7月底）都在5800元以下。从居民人均可支配收入与普通住宅销售单价的关系来看，作为临海小城的射阳，居民这方面的平均获得感要远远超过北京、上海、南京等大型城市，也远超过周边的盐城市区、连云港市区、淮安市区以及一部分周边县城。

收入的持续稳定增长，以及就业、增收的机会，居民更为关心。实际上，射阳自2015年第十四届党代会第五次会议以来，产业发展思路更加明确，逐步形成了"3+3"的产业发展格局（参见本书绿色产业等相关篇章），加大了招商引资的力度，一大批项目落地射阳，居民就业机会显著增加。同时，随着交通基础设施、旅游基础设施的不断升级，居民生活水平的不断提高，服务业就业机会不断涌现。另外，射阳还大力鼓励创新创业，仅 2017 年新发展私营企业近 6000 家、新增创业人员数千人，不仅为创业人员提供必要的资金支持，还提供大量的创业就业培训服务。因而，整体上看，随着射阳近几年来经济社会的加快发展，铁路、航空从零到有，公路、航运不断提档升级，投资创业环境出现了显著地改善，大量新兴产业、新型业态不断涌现，居民就业、创业、增收的机会还将不断增加。

（三）国家卫生县城：干净整洁的家

近年来，射阳以创建全国卫生县城为抓手，将其作为重要的实事工程和民心工程，不断推进区域内综合人居环境整治。经过三年多的努力，县城在加快环境卫生基础设施建设，加强社会卫生管理，改善环境卫生面貌，提高人民群众文明卫生素质和健康水平等方面取得显著成效，整体卫生水平达到了《国家卫生县城（乡镇）标准》的要求。2017 年 7 月 14 日，全国爱国卫生运动委员会宣布，射阳县城正式成为 2014—2016 周期国家卫生县城。

创建全国卫生县城行动实施以来，射阳成立了创建国家卫生县城工作指挥部，出台具有针对性的工作实施方案和任务分解表，与各个职能部门签订责任状，对卫生包干责任单位下达创建责任书，落实"门前三包，门内达标"责任。创建工作组织有力、范围明晰、强化考核、注重效果，做到了科学高效管理。创卫指挥部对照创建标准，对区域内综合环境进行全面摸底排查，形成负面问题清单，逐一销号，对旱厕改造、农贸市场整治等 20 余项重点工程实行挂图作战，指挥部不畏艰难，积极应对，提出以治"脏"为焦点、以治"乱"为重点、以治"差"为要点的策略，对存在的问题不留死角、全面整改。同时，积极宣传发动，利用报纸、电视、流动宣传车等方式，积极营造氛围，引导广大市民积极响应，热情投身于创卫工作。

通过开展"小手拉大手，共建卫生城""四带""创建在线"等主题活动，引导市民内化于心、外化于行，清洁、美化县城环境已成为市民的自觉行动。

根据射阳相关工作计划，射阳将以成功创建全国卫生县城为契机，继续保持创卫攻坚阶段的工作热情，把"创卫"作为长期性、常态化的工作来抓，倍加珍惜荣誉，以更高的起点、更大的投入、更好的管理，在环境整治、市容秩序、健康教育、疾病防治等方面再上新台阶，不断巩固创卫成果，持续改善城乡人居环境，助力健康射阳建设，提高人民生活幸福指数。

第四章　绿色产业：培育低碳发展的新动能

一　发展新动能的新探寻

（一）基础稳固，蓄势待发

改革开放以后，射阳经济社会发展的环境条件不断改善，经济发展势头不断增强，现代产业体系逐步形成。党的十八大以来，射阳继续积极贯彻党中央国务院、江苏省委省政府和盐城市委市政府有关会议和文件精神，进一步夯实了产业发展基础，为绿色转型创造了条件。

全面小康社会建设推进顺利。射阳紧紧围绕建设全面小康社会的总体目标，积极谋求全县经济社会又好又快发展，统筹推进稳增长、调结构、抓创新、惠民生等各项工作，国民经济平稳增长，产业结构优化升级，高效农业加快发展、工业生产稳定增长、投资总量继续攀升。对照江苏实施升级版"两个率先"监测统计指标体系，2017年全县全面建成小康社会综合得分预计达95.08分，比上年增加2.19分。到2017年年末，对照升级版全面小康社会建设五大类22项36个指标，射阳有30个指标达到或超过小康标准，新增4项指标达标。

现代产业体系构筑卓有成效。射阳初步形成机械制造、高端纺织染整、健康食品、新型建材、新能源及其装备等特色产业，获评"中国纺织产业基地县"、全省唯一的国家级绿色染整研发生产基地。现代服务业提速发展。幸福华城、恒隆广场等一批重大服务业项目建成运营。现代物流、生态旅游、电子商务、金融保险等新兴服务业态快速发展。2017年全县三次产业增加值比例为17.2∶36.4∶46.4。

（二）再认形势，确立目标

2015年年初，射阳召开了第十四届五次党代会，客观分析了既有发展基础，同时更加清晰地确立了今后的发展目标和方向，成为射阳近年来发展历程上的一次重要转折点。此次会议在肯定成绩的同时，清醒地指出了产业发展道路上存在的问题和不足：工业经济总量不大，部分企业经营困难；新开工重大项目数量不多，骨干企业数量偏少，稳增长基础还不牢固；安全、环保等方面仍然存在隐患；少数干部精神状态不振，党风廉政建设任重道远等问题。比上不足，比下有余，可能是形容射阳过去相当一段时期经济社会发展状况较为贴切的标签。与东部地区多数县域相比，射阳无论是经济总的体量还是人均水平，都处于相对靠后的位置；在全国范围内，处于较为中等的水平；发展水平又远远超过中西部地区的落后县域，因此又可以用"尴尬"来形容射阳在过去的发展状况。

针对射阳经济发展比上不足、比下有余的现实，县十四届五次党代会，提出了"后发崛起"的构想，立志从此改变射阳、发展射阳、振兴射阳。会议要求，积极主动适应新常态，进一步抓牢后发崛起的着力点。射阳在经济发展新常态下的新要求是：绿色引领、调转同步、扩量提质、改革创新、奋起直追。绿色引领，就是要充分认识到良好的生态环境是射阳的优势所在，大力发展环境友好型、资源节约型和循环经济，着力形成以绿色增长为标志的增长模式，以绿色产业为标志的产业结构，以绿色开发为标志的建设形态，以绿色农业为代表的现代农业，以绿色生活为代表的城乡环境，开辟绿色引领新道路。调转同步，就是要充分认识到射阳产业结构不优、支柱产业缺乏、工业占比偏小的实际，坚定不移转方式、调结构，大力发展战略性新兴产业，深入实施创新驱动战略，推动产业结构加快由低端向中高端迈进，促进经济更高质量、更可持续、更加健康发展。扩量提质，就是要充分认识到今后几年射阳仍处于投资拉动阶段，必须把突破重大项目作为重中之重，加大项目招引力度，着力扩大投资总量，努力以增量投入带动结构优化，切实发挥好投资"压舱石"作用。改革创新，就是要充分认识到射阳正面临前所未有的压力和挑战，必须以改革创新的办法，有针对性地解决发展动力不足、机制不活、措施不硬等突出问题，积极推进思路创新、体制创新、机制创新。奋起直追，就是要充分认识到昔日的标兵已渐行渐远，过去的追兵也已成为如今的标兵，唯有奋起直追，才能实现后发崛起。此次会议确定了射阳今后几年的发展目标是："一年打基础、两年进位次、三年争先进，三年干成五年事，力争'十三五'进入全市第一方阵。"

（三）绿色引领，后发崛起

实际上，射阳第十四届五次党代会召开之年既是"十二五"规划的收官之年，也是射阳新一届党政领导班子主政射阳的开局之年。在党代会确立的"绿色引领、调转同步、扩量提质、改革创新、奋起直追"思路指引下，后发崛起的势头在2015年的发展成就中已初步显现。当年地区生产总值突破400亿元，是2010年的近2倍；城乡常住居民人均可支配收入分别超过2.4万元、1.5万元，比2010年增长64%、76%；规上工业增加值、居民储蓄存款余额等15项指标增幅进入盐城市上游行列，固定资产投资、服务业增加值等20项指标增幅从盐城市靠后位次进入中游水平。2017年，射阳地区生产总值等8项指标增幅列全盐城市第一，固定资产投资等5项指标增幅列全市第二,规模以上工业入库税收等8项指标增幅列全市第三,22项主要经济指标中没有一项指标增幅低于全市前四。

借助"生态+特色"的发展新思路,射阳近年来把生态作为发展的根本依托和最大优势,大力发展绿色生产力和绿色高端产业,培育壮大生态型经济,努力实现生态效益和富民效益的叠加双赢。2017年,射阳产业转型步伐继续加快,落户远景智慧能源、中澳佳宝等新兴产业重大项目39个,新开工康平纳智能工厂等亿元以上项目86个,新竣工和鼎智能终端等亿元以上项目52个,新达产长风海工装备等亿元以上项目31个;引进"两院院士""千人计划"等高层次人才39人,落户远景大数据中心、中科院海洋生物研究院、南大高新技术研究院等一批创新载体,达成产学研合作项目60个,80%以上规上企业建立产学研合作关系,纳米黑金海水淡化装置等重大科技成果成功转化。新增国家高新技术企业15家、千万元以上税收企业6家、"小升规"企业35家。现代旅游业提速发展,日月岛生态旅游区内环环岛绿廊全面开工建设,建成开放十里菊香、阳河湾玫瑰园等特色景区,获评"中国最美乡村旅游示范县"。现代农业高效推进,建成国家绿色食品标准化生产基地55万亩,新增国家"菜篮子"基地3个。2017年射阳在江苏省定36项全面小康社会建设指标中有30项达到目标值,以"生态+"优势成功入选全国县域经济百强县。到2017年年末,射阳基本实现了十四届五次党代会定下的"三年干成五年事"的目标,经济社会发展整体上跻身盐城第一方阵。

(四)紧扣高质量,开启新征程

党的十九大发出了决胜第一个百年奋斗目标的动员令,吹响了实现第二个百年奋斗目标的进军号。射阳经历了过去几年"奋起直追"的发展势头,基本实现了进入盐城市第一方阵的目标,提升了加快发展的信心。在2017年年末召开的十五届三次党代会上,射阳抬高了未来三年的发展目标,主要变化在于将原定于"十三五"期末进入到盐城地区第一方阵的目标调高到"奋力跻身江苏沿海县域第一方阵"。

近年来,射阳把构建绿色低碳循环产业体系作为生态建设核心任务,不断促进产业结构优化升级。依托森林、海洋、湿地三大生态系统,推广风电、太阳能发电、火力发电、生物发电的综合开发。加快工业新型化,通过新技术、新设备改造,进一步提升以盐城纺织染整工业园为龙头的纺织染整产业,以农垦麦芽、益海粮油、捷康三氯蔗糖等企业为龙头的生物食品产业。不断推进高新技术产业向高端环节攀升,加快科技成果转化。服务业增加值占地区生产总值的比重继续提升,高新技术产业占规模以上工业产值的比重不断增大。以生态、高效、外向为方向,打造绿色生态农业,推进农业结构战略调整,加快实施秸秆综合利用、畜禽养殖粪污治理、农产品质量安全和农药化肥减量化四大工程,无公害农产品、绿色食品和有机食品种植面积80%以上。

在题为《全力强产业 全心惠民生 高质量开启跻身江苏沿海县域第一方阵新征程》的党代会报告中,明确了产业发展的重点任务是:坚持把改革创新作为推进一切工作的动力源泉,创新机制破除障碍、释放活力,探索具有射阳特色的高质量发展路径。坚持把产业培强作为壮大县域经济的重要支撑,打造一批百亿级产业集群,加快构建三次产业协调并进的现代化经济体系。

二 绿色农业:富民之基

(一)绿色高效农业渐成主流

射阳在确保农业增加值和粮食产量稳步增长、粮食面积基本稳定的同时,不断调整作物结构,增加现代农业的比重,绿色高效逐渐成为射阳农业发展的标签。一方面，逐年调减低产低效粮食作物和棉花、油料等低产低效经济作物的种植面积。例如，2016年和2017年各年调减低效粮食作物种植面积8.6万亩，2016年调减低效经济作物种植面积12万亩，2017年再次调减2.5万亩；另一方面，大力发展设施农业、设施蔬菜等高效经济作物，2016年高效经济作物种植面积增加19万亩，2017年再次增加15.3万亩。同时，不断加大稻鳅复合经营等稻田综合种养项目、"菜篮子"基地、蔬菜园艺作物标准园等投入和建设力度。促进生猪、家禽等规模化、生态化养殖，截至2017年，生猪规模化养殖出栏率占全县生猪出栏率的90%以上，家禽规模化养殖已经超过95%，多家大中型养殖类企业获评省级或以上级别畜牧生态健康养殖示范基地。

射阳不断推进秸秆、农业投入品田间废弃物回收利用和生态循环农业示范建设。强化秸秆禁烧宣传，通过各种动态静态方式，大力营造秸秆禁烧宣传舆论氛围，使秸秆禁烧工作家喻户晓、妇孺皆知。2013—2017年，夏秋两季连续5年保持"零火点"记录。目前，全县秸秆综合利用率接近100%，夏秋季稻麦秸秆机械化还田率在92%以上，已建立多个秸秆收储点和秸秆深埋发酵技术示范点。秸秆还田后，有效改善了土地长期依赖化肥造成的土壤板结，能够增加土壤有机质1.5%以上。此外，射阳还通过建立生态循环农业示范镇、生态循环农业示范村、生态循环农业示范场的方式，鼓励绿色生态的种养观念不断下沉。

休闲观光农业在射阳初见发展成效。近年来，射阳围绕品菊赏花、渔业休闲主题，重点打造沿海休闲农业精品线路；策划推介农家过年、踏青赏花、乡村美食、仲秋采摘、最美荷花季、葡萄熟了等多个休闲农业旅游产品。倾力打造洋马鹤乡菊海现代农业产业园，已投资9000多万元进行园区建设，引进了200多种国内外菊花优新品种，2017年成功举办首届菊花节，入园游客超8万人次。盘湾景隆生态园、千秋鼎龙休闲观光园、特庸万寿墩景区等乡村旅游点都已开园运营。

(二) 新型农民更多培育涌现

为了更好地让绿色、生态、规模、高效的现代农业理念加快推广，农民致富步伐迈得更开，射阳在培训农民、推进农业信息化、推广农业科技等方面下足功夫。

在开展农民培训方面，最近两年的培训期次和受训人数增长迅速。2016年累计培训76期，新型职业农民培训7965人，认定新型职业农民1510人；2017年完成新型农民培训224期20467人，完成省级新型职业农民项目培训41期4095人，完成市级新型职业农民主体培训完成122期10636人。在农业信息化方面，截至2017年年末，全县已建成智能农业示范点16个，建成益农信息社120个，能够顺利通过"12316三农服务热线"、平安农机通、农业信息网等服务平台开展信息化服务，农业信息化覆盖率达70.2%。政府大力支持省级农业科技服务云平台"农技耘"手机APP在射阳的推广，2016年年末射阳用户达到3400人，位列全省各县域第一名，2017年用户数量继续增长，达到4228人。

在农业科技推广方面，通过强化农业科技人才队伍建设，不断健全基层农技推广体系。近年来，组建首席专家农技推广团队，遴选县、镇两级农技人员挂钩联系新型农业经营主体，手把手开展结对服务；大力培育科技示范户和科技示范基地，建立村级农技服务站，做到关键农时、关键农事及时进村入户开展指导。同时，联合农业高等院校和科研院所，分专业分批次开展农技员培训工作。

控制并减少化肥、农药的使用，是生态农业的一个突出特征。近年来，射阳立足绿色发展理念，突出投入品减量化，开展药肥双减双控行动。实施测土配方施肥、推进水肥一体化，测土配方施肥技术覆盖率和耕地质量监测管理率不断提高。推广绿色植保技术和统防统治，全县面上高效低毒低残留农药使用面积达到90%。

此外，射阳农业机械化水平不断提高。截至2017年年末，主要农作物机械化水平达90%以上，水稻机插率达80%以上。2016—2017年，全县新安装粮食烘干设备729台，新增大中拖配套的秸秆还田机械（含铧犁）299台，新增农机合作社30个，各年创建农机化科技示范基地2个，全县设施农业机械化水平逐年增长。

（三）"联耕联种"广获民心

首创于射阳的"联耕联种"模式，经过广泛的实践检验，已经于2016年写入中央一号文件《中共中央国务院关于落实新发展理念加快农业现代化实现全面小康目标的若干意见》。联耕联种模式的产生，实际上是多种因素综合作用的结果，是小农经济难以适应现代耕作模式的结果，最直接的动因是防止农村环境污染的秸秆禁燃令。2013年，射阳开始执行最严秸秆禁燃令，推动秸秆还田再利用。秸秆还田在技术上要求大马力的机械化耕作，否则无法粉碎秸秆以及深耕覆土。同时，大马力机械的使用，要求每一块田地具备足够大的面积，但是射阳农村土地现状是一户多田、一田多户，大田往往由田埂隔断，分属于不同的农户，土地细碎化特征突出，这一特征不适合使用大型机械。因此，秸秆还田的问题一度困扰着射阳农民。受到新洋农场大机械作业的启发，农场周边农户率先自发协商起来，尤其是同一块大田的农户或者土地邻近的农户，自发打破田埂，请大机械收割和粉碎秸秆之后，再用拖拉机统一深翻、旋耙和条播。射阳农委和基层农技干部注意到这一耕作模式后，逐步总结经验，概括为联耕联种，并在全县范围内推广。

相关调研表明，联耕联种模式已经显示出突出的成效。第一是破除田埂之后，便于发挥大型机械的作用，提高了农业机械的使用效率，降低了农业综合生产成本和体力劳动强度。第二是便于农业新品种、新技术的推广普及，提升农业综合生产能力，保证粮食稳产和增产。第三是促进了生态的改善。如，避免了秸秆焚烧的污染，增加了土壤有机肥料，减少了化肥的使用。同时，还为发挥农业耕种的规模效应创造了条件。

射阳自2013年出台《关于实行"联耕联种"整村推进秸秆综合利用工作的意见》以来，逐年增加农业综合开发投入，截至目前累计投入财政资金6亿余元，新建30余万亩高标准农田。不改变农民土地经营权，按照农户自愿的原则，全县70%的农户采取"农户＋农户＋合作社"的新型家庭合作经营模式，以打桩等形式保留界址，破除田埂，填平界沟，农田连片耕种。2017年，全县围绕建设10个万亩示范区、10个5000亩示范片、60个整体推进村，通过扩面提质，循序推进，全年推广面积120万亩，联耕联种继续深入推进。

（四）"产自射阳"逐年叫响

近年来，射阳县紧紧围绕品牌农业发展目标，推进农产品标准化生产建设，强化农产品质量追溯体系，加强农产品品牌化建设，取得显著成效。全县现有经过质监部门备案的农产品生产技术规程及质量标准26个，现有国家级和省级农业标准化示范区各3个。全县"三品"保持量286个，其中有机农产品12个、绿色食品10个、无公害农产品264个，种植业"三品"总产量占食用农产品产量比例达65.14%。现有"全国绿色食品原料（稻麦）标准化生产基地"55万亩，射阳大米和洋马菊花为地理标志保护产品。射阳大米在十四届国际农展会上被评为金奖大米，成为名副其实的"江苏第一米"。

视质量建设为生命，以标准化助创射阳品牌。射阳以证后质量监管为抓手，推进农产品质量安全诚信体系建设，提高

"射阳农产品"质量和公信力。加强获证产品监管,年申报"三品"30个以上;加强产品监测,年委托定量检测获证产品200个批次以上;加强用标管理,标识使用率达80%以上。健全诚信制度,年评选10—15家农产品质量安全诚信企业,提高农产品行业诚信企业评选的含金量。落实产地准出,推进农产品质量追溯体系建设。检查、督促和完善提高已经建立的13个市级农产品质量追溯示范基地,加强追溯信息在线监控和实地核查,确保生产、检测信息及时准确上传。推广"产地证明"和"检测证明"等准出制度,对已建溯源基地,确保60%以上产品出具相关证明。2018年,射阳又出台《射阳县人民政府关于农业标准化的实施意见》,以制(修)订优势农产品标准化生产技术规程10个、标准化生产覆盖率80%以上为目标,全面推进农田配套设施、农业生产过程、农业机械技术、农业社会服务、农产品流通领域"五个标准化"建设。

以强化宣传为载体,大力推广射阳品牌。最近两年,射阳在大中型城市新建农产品直销窗口10余个,组织参加多次大规模展销会,30多个品种参展。积极申报农产品品牌,2016年和2017年各年新增市级以上农产品品牌3个。加大优势农产品走出去的支持力度,射阳大米区域公共品牌获第十四届中国农产品交易会金奖,举办射阳大米北京产品发布会,射阳大米年销售额突破亿元。

借力涉农电商,不断传播射阳品牌。目前,射阳发展了洋马镇药材村、盘湾镇南沃村等多个电子商务村,培育农产品年销售额200万元以上的电商企业10余家,截至2017年年末,全县农产品网上销售额已经超过20亿元。最近几年来,射阳大米、洋马菊花、沈氏食品年糕、咯咯多土鸡蛋、耕膳园藏香猪、辉山乳业牛奶等品牌农产品纷纷"触网";果蔬、畜禽、肉品、豆制品等生鲜电商不断走进"朋友圈";辣椒、蚕桑、大蒜等特色深加工农产品插上互联网的"翅膀",农产品电商市场占有率和知名度不断提高。

三　绿色工业：强县之源

（一）绿色能源开动生态马力

减少高排能源的使用，是绿色生产的内在要求。过去相当长一段时期，燃煤锅炉在射阳相当普遍，随着煤改电的持续推进，更为清洁的电力逐渐成为主要的动力来源。近年来，射阳加快推进燃煤小锅炉整治，落实任务到具体的责任人和具体的燃煤锅炉，大力实施"煤改电""煤改油"等重点电能替代工程，不断促进全县节能减排，推动绿色、低碳发展。鼓励靠港船舶使用岸电，实现港口岸电技术标准、船舶受电设施和相关接口技术标准统一规范，切实推动电能替代工作。2017年，全县煤炭消费总量为267.71万吨，比2016年下降45.45万吨，降幅为14.51%。

同时，射阳广泛宣传电能替代理念和技术，组织开展绿色电能进校园、进企业等主题活动，引导用能者改变能源消费习惯，倡导绿色能源理念。例如，射阳洋马镇是久负盛名的"中国药材之乡"，拥有药材基地近6万亩，目前种植300多个药材品种，单菊花一季就可收获1.5万吨。为了确保菊花能够长期存储，收获的鲜菊花需要被烘干。一直以来，当地企业使用煤炭作为烘干的主要能源原料，但由此带来的环境污染问题引起当地政企高度重视。为了不影响企业利益，且实现清洁生产，射阳县政府邀请射阳供电公司帮助企业制定"煤改电"方案，最后推荐菊花烘干企业采用热泵烘干技术。相关负责人表示，传统的燃煤烘干技术热效率只有25%。引进空气源热泵烘干技术，热效率能达到300%，甚至更高。菊花采用电烘干技术，有利于逐步解决秋季空气污染问题。

因地制宜开发绿色能源，不仅能够减少污染物排放，还能够变废为宝，促进资源的充分利用。在新能源开发方面，射阳 2017 年来做出了多方面有益探索，并取得了一定的成效。

作为具有悠久种植稻麦、棉花、玉米等秸秆类作物传统的农业县，作物秸秆的处理一直是一个大难题。这些秸秆除了当作肥料，还能作为开发生物能源的原料吗？射阳上马的秸秆发电项目给出答案。通过招商引资，引入了一批秸秆发电项目，让棉花、玉米、芦苇等秸秆作物的废弃物再次被充分利用。目前，这一高科技、环保清洁能源项目已由国家生物能源公司独家出资 6 亿元建成一期工程两个 2.5 万千瓦机组，年发电上网量 3.2 亿千瓦时，消耗生物秸秆 26.4 万吨，节约煤炭 5 万吨，年产值 2 亿元。

射阳还在充分利用临海的风能优势、光能优势，大力推进其他新能源项目建设。近年来，射阳积极发挥地处沿海的区位优势、交通优势、资源优势和配套优势，规划建设新能源及装备产业园，以远景能源为代表的新能源企业正加快集聚，新能源产业全产业链项目正在加快推进，现有新能源及其装备业规模以上企业 16 家。截至 2017 年年末，陆上风电已核准 95.6 万千瓦，建成投产 64 万千瓦，在建 11.6 万千瓦，待建 20 万千瓦。海上风电 170 万千瓦装机容量，占全市海上风电总规模的 21.9%。目前正在为远景新能源公司申报海上风电 30 万千瓦的核准计划。光伏发电已建成 133MW，在建 20MW。

大力发展绿色能源，射阳具有更长远的发展愿景。2017 年 11 月，射阳在上海成功举办盐城·射阳（上海）新能源产业合作说明会，活动签约能源物联网类项目 3 个、新能源装备类项目 4 个，计划总投资 123 亿元。根据射阳党政主要领导的表述，他们将借助新能源产业绿色化、低碳化发展的变革趋势，带着"全面融入接轨大上海"的迫切愿望，在"能源物联网+"和风能装备等产业链上寻求更多合作伙伴。在可预见的未来，将构筑起包含风资源评估、风场开发、风机研发、整机生产、安装运维的全生命周期的完整产业链,不断推动射阳新能源及其装备全产业链产值实现倍数增长,加快向产业链、价值链、创新链高端攀升。

(二) 传统工业整装转型发展

射阳近年来大力实施产业兴县、项目强县战略,紧扣"3+3"主导产业,不断寻求经济突破,加快后发再起步伐。"3+3"产业当中的第一个"3",指的是射阳三个最具传统优势的主要产业,分别是纺织染整业、机械装备制造业、健康食品制造业。

纺织染整工业走上规模化发展之路。射阳纺织染整产业经过多年发展,已形成轧花、棉纺、毛纺、麻纺、缫丝、染整、服装、毛绒制品、纺机等门类较全的纺织产业链。截至2017年,全县有纺织各类企业500余家,具备年产棉纺近80万锭、毛纺4万余锭、棉纱18万余吨的生产能力;具有各类无梭织机约3500台,棉布、混纺布、毛绒、丝绸缎、亚麻纱服装等主要产品生产能力较强。规模以上纺织类企业多达120余家,形成了以大型企业为龙头、中小企业为补充的良性发展格局。

射阳纺织染整工业正走在集聚化、绿色化发展道路上。坐落于射阳临海镇、规划面积达23.3平方公里的盐城市纺织染整产业园是江苏省特色园区,已经聚集起江苏沙印集团射阳印染有限公司、江苏尚嘉针织印染有限公司、江苏盛泰克纺织印染有限公司、江苏七彩纺织染整有限公司、江苏悦达众翔针织印染有限公司等数十家规模以上大型企业。产业园具有成熟的工业污水处理厂、集中供热中心,资源集约利用、循环利用能力较强。近年来,该产业园获评"中国绿色染整研发生产基地""江苏省纺织服装跨江发展示范基地""十大产业园区""江苏省特色产业集群""江苏纺织染整特色产业园"等荣誉称号。此外,总投资60亿元的题桥高端纺织染整产业园项目、投资12亿美元的中欧产业园等一大批科技含量高、投资强度高、产业关联度强、社会影响力大的项目接连落地。整体上看，作为传统产业的纺织染整工业，通过植入绿色、智慧元素，逐渐变成中高端产业领跑者，昔日棉纺大县正向绿色科技纺织强县嬗变。

机械装备工业集聚效应凸显。射阳从事机械装备工业的企业有300余家，其中规模以上企业近60家。规模以上企业主要以机械配件制造业为主，还有一部分企业主要从事重型机械、纺机、探伤机等领域的生产。汽车配件产业是射阳机械装备产业龙头行业，汽车全产业链项目被列入射阳产业创新"十大工程"项目。重点汽车配件企业主要有京一汽车零件、东信电子、永宇汽车配件、光成汽车配件、秋明汽车配件、承德苏垦银河连杆等。盘湾镇韩资产业园是射阳重点打造的汽车配件产业园，已落户由江苏悦达盖威科技有限公司总投资3亿元的汽车配件项目和由河南宏扬集团投资1亿元的朗洁汽车内饰面料及劳保用品项目等，还将引进一批汽车发电机、碳纤维新材料、分析仪器等项目。

射阳机械装备工业相关园区的绿色化、科技化转型取得积极进展，一大批机械装备企业走上高新、现代化发展道路。近年来，射阳合德镇高新科技创业园被省经信委评为江苏省高端装备制造业特色产业基地，合德镇高新科技创业园被中国机械工程学会评为中国磁粉探伤设备制造基地。射阳新元机械、赛福探伤、华特纺机、杰力纺机获批江苏省首台（套）重大装备项目，金大纺机、伟龙电器、赛福探伤、景中景涂装等企业被认定为国家级高新技术企业。在企业重大技术创新方面，进展明显，例如：吉瑞达电子公司开发的一次性医用温度探头，填补了国内空白；杰力纺织机械有限公司研制成功GE568智能氨纶整经机，实现智能化控制，达到并超过国外同类型产品水平，打破氨纶整经机技术一直被德国公司垄断的局面，成为该公司转型升级的重要装备，被认定为该领域江苏省首台（套）重大装备；赛福探伤公司研发RWUS-Ⅱ型铁路车辆轮轴车轴超声波相控阵自动探伤机,填补了国内技术空白,是铁路车辆、动车、地铁、轨道交通探伤及安全运营的专用检测设备,被认定为该领域江苏省首台(套)重大装备。

在食品制造领域,射阳以优质农产品为基础大打健康牌,产业效益不断提高。目前,射阳从事食品制造的企业近300家,其中规模以上企业55家。在规模以上企业中,40余家企业以粮油加工生产为主业,10余家企业以麦芽生产或其他生物科技为主要业务。以2016年为例,射阳食品制造业销售收入达到70余亿元,入库税收近8500万元,其中江苏农垦麦芽、捷康三氯蔗糖、盐城春竹香料、盐城海越麦芽等大型企业税收贡献超过1000万元,江苏金马油脂、江苏杰龙麦芽、江苏丰源生物工程公司等企业税收贡献超过500万元。各类食品制造企业生产状况稳定,发展运行有序,企业结构调整不断加大,产品质量不断提高,效益不断上升。例如,辉山乳业集团实现全产业链改造,能够有效减少资源浪费和环境排放,更加有利于绿色生产;引进由新加坡丰益国际集团旗下丰益中国投资(益海)私人有限公司投资的益海粮油、由盐城捷康三氯蔗糖有限公司和两面针公司共同投资新建的年产4000吨三氯蔗糖项目等一批大型生产项目,有效促进了射阳食品制造业的规模化、现代化生产。射阳港健康食品产业园按照"差异化、高端化、集聚化"的要求,积极引进龙头企业和高端项目,形成以健康食品产业为特色,融合制造业、服务业两大行业,构建加工制造、冷链物流、工业旅游三大支撑,力推健康食品产业成为县域经济的重要支柱。

(三)新兴产业引领两化融合

射阳紧扣"3+3"主导产业,实施产业兴县、项目强县战略当中的第2个"3",指的是射阳近年来加快发展的三个战略新兴产业,分别是新能源及其装备制造业、航空装备制造业、新型建材制造业。"两化融合"是指电子信息技术广泛应用到工业生产的各个环节，信息化成为工业企业经营管理的常规手段。信息化进程和工业化进程不再相互独立进行，不再是单方的带动和促进关系，而是两者在技术、产品、管理等各个层面相互交融，彼此不可分割，射阳新型产业不断实现两化融合发展，并对其他传统工业释放出广泛的引领示范作用。射阳的航空装备制造业、新型建材制造业，与前文在绿色能源中部分已经提到的新能源及其装备制造业一起，构成全县最主要的三大新兴产业，这些产业以科技含量高、智能化、信息化、绿色化为主要发展特征。

新型建材可谓"点石成金"。射阳现有新型建材生产企业300余家，其中规模以上企业10余家，形成了以大型产业园为主阵地、多个产业园协调发展的产业集聚格局。新型建材，突出在质量达标、无公害的前提下，对原材的充分利用，最大限度地减少排放和浪费。

射阳港新型建材产业园是射阳规模最大的新型建材产业园，该产业园由闽商、浙商合力打造，于2014年6月30日开工，项目总投资达20亿元，一期占地3000亩。该园建成后，经营石材可达五六千个品种，生产企业达200余家，经营商户达3000户，从业人员达5万—8万人，可形成集石材加工、贸易、运输、配送、餐饮、住宿、大型停车场等多位一体的旗舰级综合石材市场，年产值可达100亿元，年创税收可达5亿元。在目前的招商方面，该产业园从矿山→航运→码头→大板加工→二次加工→辅材配套→物流配送→装饰工程，针对该区港口实际及石材原料拥有数千个品种，产地不一、企业需求量不同等客观实际，重点抓住"港口原料"，推动石材荒料物流园、大型标准化加工厂等项目的实施。目前，在该园区落户的多家大型企业已经投产。例如，总投资2亿元的江苏恒峰石业已经投产，该公司借助现代化、智能化的生产方式，经过工人们多道程序的精心打造，将矿山荒料变成了英国棕、印度红、金玛丽等系列板材销往全国各地。明磊石业是钱江石材产业园首家投产的企业，由上海汇泰石业有限公司总投资1亿元兴建的明磊石业，一期项目已正式投产运营，主要从事装饰外板的生产，可实现年销售收入1.5亿元，创税300万元。位于射阳特庸镇北洋建材工业园的盐城长源新型建材有限公司，主要以钢铁厂的水渣为生产原料，以矿渣微粉为主打产品，该产品是一种新型特色建材，可以替代各种用途混凝土和水泥制品中的水泥用量，能明显改变混凝土和水泥的性能，增加水泥制品的后期强度，公司负责人表示，目前公司拥有矿粉等水泥替代产品两条生产线，项目全部投产后预计可实现销售2亿元，实现税收500万元。此外，补天、润玉、皇森、凯龙、金华发、鲁创屋等一大批建材项目即将投产或落户射阳。

射阳新型建材产业园区相关负责人表示，射阳正在全力推动建筑新材料产业的发展，逐步向绿色材料、环保材料、集成材料、高分子纳米材料等方向推进。

新成长起来的航空装备制造业及其周边产业，呈现出越来越旺盛的生命力。凭借智慧创新，射阳航空产业成功实现"无中生有"。2016年7月，射阳获批建设全省通用机场，该项目被列入《江苏省国民经济和社会发展第十三个五年规划纲要》。2017年11月，射阳经济开发区通用机场迎来首架飞机，标志射阳百万人民的"航空梦"成为现实。2018年7月，射阳通用机场正式获得民航华东地区管理局颁发的通用机场使用许可证，成为华东地区首个A1类仪表导航机场。全县航空装备产业以打造全省通用航空飞行基地和盐城市航空产业基地为目标，在通用航空机场建设的基础上，建设相关附属配套设施，快速集聚航空产业。现已引进通用飞机制造、组装、零部件生产企业，突破关键核心技术，发展航空培训、旅游、救援执法等通航服务，带动全县产业转型升级。已落户深蓝航空、中澳航空、慕航无人机应急平台、宇鹏飞机消声器、兴航航空座椅、启飞植保无人机等多个项目。依托通用机场，射阳初步形成从航空复合材料、航空零部件、无人机研制，到发动机、通航飞机整机等生产的通航产业体系。

四 现代服务业：再添新活力

（一）全域旅游尽显海风河韵

以绿色生态为基础的现代旅游业是现代服务业的重要组成部分。立足于得天独厚的自然生态资源和丰富的文化底蕴，旅游业已成为拉动射阳经济快速增长最具活力的绿色产业之一。近年来，射阳立足高起点规划、高标准设计、高效益运营，以"海风河韵、水绿生态"为主题，对旅游资源进行统筹规划、深度挖掘，走出了一条全域旅游与城乡统筹、产业融合、农旅融合的发展道路。借助丹顶鹤文化旅游节、日月岛"七彩林"灯光节、航空飞行展、千鹤湖风车节、洋马菊花节等旅游活动，不仅增加了相关收入，更提升了射阳旅游的名气。2017年，全县累计接待游客190万人次，实现旅游收入16.5亿元。目前，射阳正在以创建"中国最美生态文化旅游名县"和"中国最美休闲度假胜地"为目标，坚持规划引领，争创各类旅游品牌，不断提升旅游业发展质量。

根据射阳旅游业发展规划，将继续拓展特色旅游新路径。重点建设日月岛生态旅游区，打造有生态、有业态、有故事、有特色、有记忆的长三角地区最具影响力的生态旅游目的地；创新"旅游+"的发展理念，积极探索旅游与农业、林业、工业、城市和文化的融合发展，打造黄金海岸、生态休闲、绿色滨水、美丽乡村的全域旅游景观；大力发展旅游风情小镇，充分运用现有的产业基础，突出培育特庸桑乐小镇，开发蚕桑文化特色体验项目，打造航空小镇、集科普教育、旅游休闲于一体的观光基地，建设海通森林小镇，打造一批具有沿海特色的乡村森林景观。射阳正以打造优质旅游为目标，以深化改革、创新机制为突破，以发展生态休闲旅游为重点，以国家级品牌发展为方向，全力打造成为中国生态文化旅游名县。

（二）特色服务业拉伸富民杠杆

根据劳动力资源特征、市场需求特征，辟出奇径，力争人无我有、人有我优，发展特色服务业，能够有效增强市场竞争力，促进从业人员收入。以射阳大力开发村镇女性劳动力资源、发展品牌家政为例，可较大程度体现射阳立足于女性留守劳动力为基础的特色服务业发展。2018年射阳财政安排专项扶持引导资金900万元，用于支持鼓励家政服务业的发展。2018年5月，射阳家政服务中心有限公司揭牌成立，形成政府牵头、社会力量广泛参与的家政服务产业发展新路径。该公司由县妇联牵头、射阳国投集团投资兴办，占地2000多平方米，位于全省一流的县级养老示范基地射阳养老中心，主营月嫂、育儿嫂、保洁服务、居家养老和医院陪护等板块，配套母婴护理、餐饮服务、适老产品配送等服务。为了做优家政服务品牌，提升从业人员素质，射阳对接江苏省妇联"好苏嫂"等知名品牌，邀请培训专家开展业务指导，组织开展规范化、多层次的岗前培训。

近年来，射阳以打造全省家政服务示范区为目标追求，积极地推进全县家政服务业高质量发展、跨越发展。积极搭建家政服务平台，着力打造家政服务品牌，推进家政产业建设。初步形成了发展线路图，从民生需求入手，注重高起点定位，切实关注妇女就业增收问题，积极探索符合家政发展的创新模式，着力打造"射阳好阿姨"家政品牌，将进一步拓宽射阳农村留守妇女就业、增收渠道。

（三）体系健全力保增产惠民

近年来，射阳坚持把发展现代服务业作为产业优化升级的战略重点，以市场化、产业化和社会化为方向，稳定生活性服务业发展格局、突破生产性服务业发展现状、寻求新兴服务业发展市场，推动服务业与一、二产业融合发展，完善服务业综合配套功能，全面增强服务业发展活力。2017年，射阳服务业增加值位列盐城市各县区第一名。

在现代服务业发展方面，射阳路径具有以下几个方面的特征。一是坚持规划引领。目前已经制定并加快实施的产业发展规划有全县旅游业发展"十三五"规划、"十三五"现代物流业发展规划等总体规划，并正在加快完善射阳港物流园规划、铁路道口物流园、空港物流园等专项规划，还针对县城商品市场集聚区、明湖文化旅游集聚区、新城商务商贸集聚区、黄沙港渔业服务集聚区、东部云谷智慧产业中心、鹤乡菊海等重点服务业聚集区和服务业项目制定了专门的发展规划。二是注重项目招引和推进，瞄准现代物流、生态旅游、金融科技、电子商务、研发创意等新兴业态，精心策划开展服务业专题招商推介活动，对于引进的项目，靠实责任，积极推进。三是引导集聚发展，优化融合商贸市场网点布局。不断完善射阳五大服务业集聚区规划布点，明确发展重点，优化商业网点布局，促进现代商贸服务业资源更好地为新型城镇化、城乡一体化协调发展服务，针对专业市场特点，积极探索线上线下融合的最佳途径。四是瞄准新兴业态，重点培植规模企业发展壮大。依托传统服务业发展优势，瞄准生产性、生活性服务业新兴业态，重点突破现代物流、文化旅游园区建设；着力培植健康养老、金融服务、科技服务、大数据等新业态；全力扶持东部云谷智慧产业中心等新兴服务业项目，做大做强新兴服务业。

第五章 绿色交通：勾勒外通内畅的新格局

一 "公水铁空"搭建现代化综合交通主筋骨

射阳立足大交通格局，科学筹划谋略，不断加大交通基础设施建设力度，集水运、空运、陆运等为一体的交通集疏运体系建设突飞猛进，不断构建互联互通、互为支撑的现代化综合交通运输体系。2015年，射阳十四届六次党代会确定了完善交通集疏运体系工作任务。2016年，射阳十五届一次党代会在阐述今后五年的主要任务时，将交通建设列入全县发展"六大目标任务"之一，明确提出打造综合交通，拓展对外开放新空间。近年来，共建设各类交通基础设施项目近百个，累计完成固定资产投资57.61亿元，其中仅2017年就实施8大类33项重点交通工程，当年投资额达13亿元。2018年，射阳预计投入18.77亿元用于交通工程建设，建好全县交通"一张网"，构筑国省干线"五横五纵"新骨架。

随着"公铁水空"立体交通网建设的蓬勃发展，射阳有望全面融入大市区半小时通勤圈，上海2小时、南京2小时和北京3小时经济圈。

（一）高等级公路提增射阳发展新速度

公路是最重要的交通基础设施，国道、二级公路、一级公路、高速公路等高等级干线公路则体现着地区之间的通达性能。目前，射阳公路体系日臻完善，射阳与全国各地的联结能力不断增强。全县公路建设总里程近3300公里，其中干线公路287.6公里，基本实现干线公路成网、南北联系畅通、东西往来便捷的交通新格局。

在现已建成的高等级公路方面：全程长3710公里的国家高速—沈海高速（G15）从县域西部纵串射阳，射阳段里程约60公里，设有三处连接点和一个服务区，为射阳的物产南下北上提供了极大的便捷；国道228（北起辽宁丹东、南达广西东兴，在江苏省内路段被称为临海高速）从东部纵贯射阳，与沈海高速遥相呼应，大部分路段已经实现高速化；江苏S326省道从县域中部纵向过经，与区域内的沈海高速、临海高速共同构成"川"型骨架；始于射阳特庸镇的省级高速—盐靖高速公路（S29）已经建成通车，并与沈海高速无缝连接；江苏S329省道东起射阳港，经阜宁、涟水，西至宿迁沭阳，全长约100公里，是江苏省北部区域一条重要的东西向干线公路，该省级公路与沈海高速相连；省道S233途经射阳兴桥、长荡，远可达扬州；此外，还有一系列高等级公路的连接线、延伸线。现有高等级公路实现了射阳与外部区域的高速连接，公路客运、公路货运四通八达。

一部分重要公路项目正在加快推进。截至2018年上半年，盐城到射阳工程可行性研究报告已经完成，环评、洪评、航评、林评等5个专项报告通过专家审查，初步设计送审稿已经完成，土地预审材料已报至省国土厅，地质详勘和房屋测绘已经结束，项目各项前期工作稳步推进；省道348（洪泽区连接阜宁县，过经射阳）进入开工准备阶段；省道232、省道329南移等项目加快推进。

（二）绿色干线扮靓美丽新射阳

为了美化行车环境、让过往车辆记住射阳之美，将更多的舒畅和愉悦留给经过射阳的驾驶员朋友或乘客，射阳不断推进交通干线沿线环境污染治理和绿化美化工程。

尤其是最近两年，美化、绿化、洁化力度不断加大，途经射阳的交通干线已然构成一条条绿色廊道。根据江苏省和盐城市统一部署，射阳县政府决定从2017年下半年开始，用三年的时间，扎实开展交通干线沿线环境综合整治行动，全面整治全县交通干线沿线的环境问题，从根本上改善交通干线沿线环境面貌。活动开展以来，射阳将交通干线沿线环境综合整治作为落实绿色发展理念、打赢生态保护和环境治理攻坚战、提升射阳对外形象、增强区域竞争优势的有机组成部分，明确目标、明晰任务、做实做细，不断掀起全面整治的热潮。根据该项工作的目标，将通过路面洁化、提升绿化美化水平、保障交通畅通等一系列措施，实现全县域内高速公路、普通国省道用地范围内可绿化区域绿化率达到100%，建成用地外单侧宽度国道不少于20米、省道不少于15米的绿色通道，完成出县通道绿化提升，全面清除垃圾、非法堆积物等。

截至2018年上半年，射阳基本完成了对高速公路用地外缘起100米范围内的生活垃圾、建筑垃圾、白色垃圾的全面清除，高速公路桥涵下方非法堆积物，全部清理到位；组织沿线村居，集中砍伐有安全隐患的意杨树，有效保障了高速行车安全；结合射阳实施的康居工程，在沈海高速公路两侧300米范围内，拆除危旧房屋，并出新房屋；完成投入1500万元，对沈海高速、盐靖高速两侧50米范围内宜林地段进行绿化提升，补植水杉、紫薇、石楠树等各类苗木约5万株。另投入240万元，对沈海高速兴桥、陈洋两个重要城市出入口的绿化进行进一步提升。根据射阳年度工作目标，2018年内拟投资1.78亿元，新建干线道路绿化62.9公里，新增绿化面积5009亩；提升干线道路绿化243.3公里，提升绿化面积9130亩；并同步完成255.4公里农村公路新建绿化任务。着力实施S233射建线、洋马至G228

连接线、射千线千秋至G228连接线三条横向新建道路绿化，G15、G228、S226、X208四条纵向主干道绿化提升。通过一系列扎实的工作举措，交通干线沿线将成为"春有花、夏有景、秋有色、冬有绿"的景观带和风景线。

（三）通江达海扩宽开放发展新空间

射阳具有江苏省三大重要出海口之一的射阳港，该港口位于射阳河、黄沙河的入海口位置，发展海河联运的条件优越，有利于沿海经济的发展。射阳港1978年经江苏省政府批准建港，1994年在盐城市率先建成国家二类开放口岸，2017年获批国家一类临时开放口岸，是盐城市目前较大的运输口岸，也是江苏省海岸线上通江达海集疏运条件较好的港口之一。射阳港上游河道众多、纵连南北、横贯东西，镇镇通航，现有航道55条，总里程858公里，航道总里程为全市之最。内河航运规划1500吨级船舶可由射阳港经射阳河、黄沙河与通榆运河、京杭大运河，以及淮河相通，是发展海河联运、绿色交通的"黄金水道"。

射阳港打开了江苏沿海中部出海新通道，拉近了射阳与世界的距离。伴随"一带一路"倡议，江苏沿海开发、长三角一体化、长江经济带三大国家战略的实施，射阳港迎来加快崛起的黄金期。近年来，射阳牢固树立"沿海兴则射阳兴"的理念，外争支持、内强实力，推动港口港产港城联动发展，加快实现江苏沿海中部快速崛起。射阳先后投入25亿元，建成3.5万吨级进港航道、5万吨级码头后方堆场等重点工程，为射阳东向出海、走向世界搭建了"桥头堡"。2017年7月28日，从俄罗斯纳霍德卡港出发的1.38万吨级国际货轮驶入射阳港。这是射阳港建港40年来首次进靠国际航线船舶，标志着射阳港正式向国际开放，也意味着射阳与国际海运航线正式实现直航。随着一类开放口岸未来正式开放、盐射疏港高速和疏港铁路支线规划建设，射阳港正加快融入长三角港口群。

未来几年，射阳港将加快推进5万吨级航道码头手续办理，加快港口配套工程建设，集聚临港产业，不断深化与国内、国际港口的内外贸合作，更好为企业搭建"走出去"平台。"十三五"期间，射阳港立足"建设10万吨级航道、打造亿吨大港"的发展目标，计划总投资约为150亿元，建设10万吨级深水航道、10万吨级通用码头和粮食、煤炭、石材、集装箱等专用码头以及5000亩现代物流园等重点工程，形成以射阳港为中心的连接苏北中部地区"海上通道"，全面辐射淮河生态经济带，建成江苏沿海中部独具特色的重要产业港、开放港、绿色港。

（四）水清河畅书写低碳港航新篇章

射阳在大力推进水道、港口业发展的同时，注重发展过程中的生态环境保护，不以过度开发、过量排放为代价来换取港口河道的发展。通过推广清洁能源、清洁生产，鼓励企业节能减排，开展港口、航道环境综合整治等举措，射阳的水上交通运输及相关产业逐渐走上绿色、环保的发展之路。

在推进绿色港口码头建设方面，射阳根据国家和省市相关要求，不断强化码头扬尘污染控制和船舶污染控制。要求各责任主体对内河易扬尘码头物料堆场实施覆盖，建设密闭装卸运输系统，散货码头采取降尘喷淋措施。同时，将加强港口粉层和水污染综合治理、提高港口绿化水平提升港容港貌。推动老旧船舶强制报废和淘汰更新。对于船舶污染控制，最主要的举措是促进"油改点"，减少烟尘、二氧化硫等有害物质的排放。近年来，射阳完成了沿海港口、内河码头建设岸电系统改造，督促所有船舶进入内河码头区域，全部使用岸电系统，公务船、港作船全部使用低硫柴油。所谓"岸电系统"，是指用电能代替柴油，以水上服务区电网供电代替传统的自备燃油机，为船舶提供生产生活用电。以往船舶靠岸后，船民生活用电主要依靠船舶自身燃油发电，机舱噪音大、热量高。同时，柴油发电排放出大量的废气和颗粒物，会对大气环境造成一定程度的危害。与传统发电模式相比，使用岸电可为船民节约 50% 左右的用电成本，极大地消除了船舶靠港期间二氧化碳、二氧化硫等有害气体的排放，彻底消除了自备发电机运行产生的噪声污染。此外，射阳港口还改革起重机动力驱动方式，对传统轮胎式集装箱门式起重机实施"油改电"，新建、改扩建集装箱码头主要使用电动或电力驱动。并将逐步推广清洁能源驱动的港作船舶、港作车辆及其他流动机械；推进新老码头应用 LED 节能光源的应用；试点应用能源自动化管理与港口智能化调度系统应用；利用太阳能等清洁能源为港口提供照明、生产和生活用能；集中供热系统改造；逐步建立高效、节能的船闸运行管理模式，强化服务意识，加快推进水上 ETC 和船闸节能运行设施。

大型航运企业能够在节能减排行动中发挥着表率和引领作用。例如江苏河海运输股份有限公司（原江苏射阳航运公司）多措并举，屡出实招，并获得国家级表彰。该公司主营水上运输（水运、海运）、船货代理、粮食仓储贸易等，年运输能力 1000 多万吨。公司多措并举抓管理，节能减排出实招，投入 2000 多万元新建单船 1500 吨级 LNG 货轮 5 艘并投产，其中"江苏河海货1"成为江苏省双燃料动力货轮第一船。在中国交通企业管理协会 2018 年交通运输企业节能减排表彰会上，该公司获全国交通运输节能减排示范企业称号。

"河长制"打通水上交通"绿色通道"。根据射阳交通运输局"交通动态"信息，射阳通过不断靠实河长制，全面提升水生态环境质量。突出重点强化举措。通过明确河长制责任，射阳严格水上交通污染治理。截至 2018 年 7 月，全县 38 家内河港口企业已完成符合其吞吐能力的船舶污水、垃圾接收设施建设工作；船舶环保改造项目有序推进；地方海事部门对符合安装生活污水处理装置的运输船舶严把检验关，安装一艘检验一艘；

不断加强危险化学品运输船舶和危货企业监管,督促各相关危化品运输企业、散化危险化学品船舶制订"危险货物运输事故应急预案"和油污及泄漏应急计划。同时,逐步淘汰和取缔不符合规划的港口码头。此外,加大绿色港口建设步伐,开展港口"见缝插绿"工程,加大港口绿化带、防尘林带等绿化设施建设力度,着力提高港口绿化水平,有效减少裸地扬尘污染,显著改善港区生态环境,预计2019年年底前公用港口码头可绿化区域绿化率达到50%。内河干线航道将通过航道洁化、加强航道绿化、提升航道美化等措施,实现全县内河干线航道用地范围内可绿化区域绿化率达到100%。

(五)航空和铁路助力射阳新发展

在射阳县域范围内,航空和铁路算是交通运输领域的新生儿,通用航空和铁路都是近几年新发展起来,目前已经有了自己的机场和火车站。但在射阳建机场和铁路之前,由于其与盐城市市区的位置毗邻,加之公路运输通畅,在获得航空、铁路通达能力方面本就不弱。例如,盐城南洋机场、盐城火车站距离射阳仅50公里左右的距离,能够顺利到达北京、上海、南京、广州、昆明等国内各大城市,南洋机场还开通了往来韩国首尔、中国香港等地的国际航线,射阳能够借力盐城而获得便捷的航空和铁路服务。随着射阳自己的航空业不断发展以及铁路建设进展不断加快,必然会进一步提升射阳速度。

射阳有着自己的航空梦,近年来积极抢抓空域管理改革和低空空域开放步伐加快的机遇,不断推进航空事业的发展。2015年11月,经上级有关部门审核,正式批复江苏省人民政府,核准同意射阳建设通用机场。从此,射阳航空及相关产业的发展进入快车道,2017年11月,射阳通用机场迎来了第一架飞机试飞,标志着主要基础设施基本建成。根据射阳公开发布的信息,该通用机场总占地面积650亩,飞行区为2B等级,跑道长800米，宽30米，小型固定翼机位8个，直升机机位站坪6个，站坪区和生产及辅助设施区包括4800平方米业务综合楼、4800平方米食宿楼、6000平方米机库、仪表导航工程、灯光站、配电房等设施。机场主要满足运–5B、运–12等小型固定翼通用飞机驻场使用，兼顾S–76D和EC135型直升机起降需求，可提供抢险救护、海事救援、农业航空、气象探测、空中测绘、飞行培训、观光旅游、航空物流等服务，以及为航空产业园区航空器制造、维修、试飞等提供服务。

射阳同样盼望着自己的铁路，而这一梦想也在加快变成现实。2008年12月，国家发改委正式立项批复建设连盐铁路，将其作为支撑江苏沿海大开发的重要基础设施。2013年12月，连盐铁路正式开工建设。2017年4月，射阳火车站成为连盐铁路全线第一个封顶的新建火车站，射阳段建设也在连盐铁路盐城段起到了示范带头作用。2018年9月初，盐连铁路动车成功"试跑"，预计2018年11月可正式通车。连盐铁路建成后，向西连接既有陇海铁路，向北经青连（青岛—连云港）铁路连接青岛，向南经盐通（盐城—南通）铁路、沪通（上海—南通）铁路直达上海，成为构成贯通环渤海、长三角的沿海铁路大动脉。大规模、低成本、安全性高的铁路运输可达性的提高，进一步改善了射阳的投融资环境，极大地优化了射阳临海集疏运体系，对于加快射阳沿海开发具有十分重要的意义。

射阳铁路交通的建设一直与绿色同步。在线路美化绿化方面，射阳2017年已经完成21公里铁路绿色通道，以此为基础，2018年预计对连盐铁路射阳段绿化进行全面提升，主要包括21公里铁路沿线主林带、2.2公里车站两端节点绿化带和30亩高铁生态公园。在射阳火车站的建设要求方面，射阳相关镇区和部门结合康居工程、农村环境综合治理，加快推进铁路两侧村庄、河道、农田整治、绿化和危旧房改造，努力把连盐铁路射阳站打造成一道亮丽的生态绿色风景线，充分展示田园风光、美丽乡村和生态家园。

二 市政交通低碳化为城市发展舒筋活络

(一) 城市路网通畅便捷

城市道路的通畅性体现着城市内部的血液循环系统。城市道路上承载的是就业、商品流、服务流、信息流，同时也承载着居民生活的方方面面，因此，交通质量是反映一个城市吸引力的重要名片。射阳城及周边镇区，交通的整体情况是南北顺畅、东西通达，县城中心区道路网格密集并向外围扩散，道路交通通达性能良好。同时，随着近年来射阳产业发展，就业机会增加，中心城区城市框架拉大，城市人口的持续增多，射阳还在不断加大城市道路建设力度，构建四通八达的城区路网新格局。2015年以来，射阳先后投入近10亿元，实施30余个市政道路项目，实施开放大道西延、解放路南延、海润路南延、开放大道东段辅道等13项新建、提升道路工程。改造人民路、黄海路等老旧路，实现老城区道路改造全覆盖，接续交通路北延、双山路南延、北延等"断头路"，打开沿河路等"咽喉路"，增加理想家园南侧路、发展路等支路网密度，精心打造幸福大道全景观城市主街道、建设大道全封闭快速通道，完成对县城所有人行道、辅道维修改造，城市的微循环变得越来越畅通。

顺畅的城市交通切实增强了居民的幸福感。例如，某报刊记者在射阳城开放大道附近的采访中遇到了出租车司机李师傅，李师傅表示，近两年县城的道路越修越宽、路面越来越平，开车更方便了。相关信息显示，射阳城开放大道西延道路工程总投资1.24亿元，起于机场路，终于海都路，与开放大道已建段相连接，全长6.3公里，于2017年7月份正式进场施工。该工程的实施将县城的外环线全部贯通，城市发展空间进一步向南拓展，有效缓解县城交通压力。

（二）减排和绿化刷靓城市风光

降低车辆排放，是实现市政交通绿色化的一个重要途径。2015年以来，射阳根据上级有关部门的要求，率先从公共交通入手，加大了新能源汽车的普及力度。射阳三维公交有限公司等公共交通运输企业在新能源汽车的使用上，已经走在了全盐城市的前列。另外，射阳还在大力发展新能源汽车及其零部件制造业，尽管这一工业行业并不直接与当地的绿色交通相挂钩，但可以从某种程度上表明射阳对于低排放交通设备的认可和重视。在推广新能源汽车的同时，通过奖励、补贴等手段，加快高排放汽车的淘汰进度也体现了政府对低碳交通的重视。近几年，射阳加大对黄标车的淘汰力度，目前实现黄标车全面淘汰；对于机动车，严格机动车排放标准，新注册的车辆普遍实施国五汽、柴油车排放标准；通过环境保护部门和公安部门的协调联合执法机制，射阳继续大力推进中型、重型柴油车的尾气治理。通过这些举措，促进交通更加环保。

为市民提供更加便捷的公共交通、公共自行车，不仅在一定程度上能够替代私人汽车、三轮车等的使用而减少排放、降低拥堵，同时能够极大地方便市民出行。射阳近年来不断加大城市公交投入，城市公交车不断向县城外围扩张，同时为老人发放免费乘车卡，极大地便利了群众。同时，射阳将发展公共自行车作为一项交通惠民工程，自2015年7月份推进城市公共自行车运营系统以来，先后在全县设置110个公共自行车服务站点，投入2200辆公共自行车方便市民出行。目前，公共自行车日租辆达2200次以上，系统运行稳定、顺畅，切切实实给广大市民带来了方便，受到了市民的广泛欢迎。射阳计划2018年实施城市公共自行车三期工程，新增30个点、再投放公共自行车500辆；再投资300万新建城市公交站台90座；完成城市停车场和大型社会车辆停车场建设。通过增加公共交通投入和完善公共自行车管理机制等举措，绿色、健康、便捷的公共交通服务不断强化，也使得市民的幸福感和获得感提升。

提升市政交通沿线的绿化水平，也是射阳建设绿色市政交通的一大举措。据不完全统计，射阳最近两年总投入约4000万元，实施了幸福大道两侧景观带提升改造、幸福大道（海都路—滨湖大道）分车带提升改造、双山路南延（建设大道—幸福大道）绿化、双山路（解放路—沿河路）道路两侧绿化提升改造、226省道景观带绿化、县城道路（晨光路、红旗路、达阳南路、双拥路、黄海路、海晏路、人民路等）绿化改造提升等工程项目，新建或改造绿化面积近40公顷，栽植女贞、香樟、广玉兰、垂丝海棠、石楠、桂花、紫薇、红枫、榉树、海棠、银杏、雪松、春梅、晚樱等树木约20000株，地被约10万平方米。极大地改善了城市交通的视觉面貌，为城市发展增添了绿色符号。

三 农村交通便利化疏通全面小康的毛细血管

（一）四好农村路惠民畅心

农村公路是建设美丽乡村、实现乡村振兴的脱贫致富路。习近平总书记指出，农村公路建设要因地制宜、以人为本，与优化村镇布局、农村经济发展和广大农民安全便捷出行相适应，要进一步把农村公路建好、管好、护好、运营好，逐步消除制约农村发展的交通瓶颈，为广大农民脱贫致富奔小康提供更好的保障。近年来，射阳紧紧围绕"交通富民"总目标，一手推进"村村通"，一手狠抓"路路好"，农村道路建设不断取得新的积极进展。

射阳自2016年开始实施了农村公路提档升级工程"三年行动计划"，在过去两年提档和新改建农村公路406.4公里、桥梁

300余座的基础上，继续加大投入。2016年实现新改建农村公路217公里、桥梁107座；2017年实施农村公路提档升级道路505公里，桥梁250座，在射阳农村公路发展史上罕见。根据射阳"四好农村路"建设目标，2018年预计再实施道路100公里、桥梁60座，截至7月份已完成目标任务的90%以上。通过大力实施"四好农村路"计划，射阳有望彻底解决农村断头路、连接线和宽路窄桥问题，使农村道路形成干线成格、支线成网、连线成环、环线成链的格局，真正实现四通八达。同时，根据射阳交通局提供的信息，射阳还将在道路绿化景观、安保标识、管养运营等精细化程度上下功夫，进一步高质量完善、提升农村公路建设标准。伴随农村道路质量的提升，不仅方便了农村居民的生活，也为射阳大力发展乡村旅游，继续打好美丽鹤乡的文化牌提供了更加坚实的基础设施保障。

（二）农村公交驶向同步小康

公交车，一度只属于城市居民。然而在射阳内，目前已经实现了镇镇通公交，农村居民可以通过任何一个乡镇乘坐公交车往返于县城、镇村。2018年，射阳基本实现了13个镇（区）254个行政村3200公里四级公路全覆盖、新建720座农村道路桥梁全覆盖、镇村公交开通率全覆盖，改写了农村居民行路难的历史。2018年以来，射阳在继续推进公交"村村通"建设完善的基础上，逐步改革"固定公交站点离部分村庄距离偏远、车辆班次少、座椅配置缺乏人性化、对老弱病残免费、公交与村民逆向行（公交早上下乡，村民早上进城）"等弊端，同时大胆设想建立"农村的车"平台建设，组建公益性"爱心车队"，真正实现让村民便捷出行。

校车，是一种专门服务于学生人群的公共交通运输车，在大多数地区也仅仅是城里的孩子所专享。随着农村公路的提档升级，射阳一些乡镇农村的孩子也能享受到校车接、校车送的福利，这些校车大多宽敞、舒适、安全，车辆质量较高。在开通校车之前，农村父母接送孩子上学都是各管各家，除了常规的步行之外，有的家长骑自行车载孩子、有的使用摩托车、有的使用三轮车，既不安全也不环保，同时还增添了学校周边的嘈杂和混乱。校车在农村的开通，不仅直接增加了孩子的福利，还缓解了农村父母既要忙农活、又要接送孩子上学的矛盾，减少了城乡公共服务的差距。

第六章 美丽乡村：奏响城乡协调的新旋律

党的十八大报告第一次提出了"美丽中国"的概念，党的十九大报告更是明确地提出要"建设美丽中国，为人民创造良好生活环境"。要实现美丽中国的建设，美丽乡村建设是不可或缺的部分，是现代化强国的标志。建设"美丽乡村"是落实党的精神，推进生态文明建设的需要；是加强农业生态环境保护，推进农业农村经济科学发展的需要；是改善农村人居环境，提升社会主义新农村建设水平的需要；是城乡协调发展的重要组成部分，是促进城乡协调发展的需要。

2013年中央1号文件《关于加快发展现代农业 进一步增强农村发展活力的若干意见》中第一次提出奋斗目标是"努力建设美丽乡村"。农业部也把建设"美丽乡村"作为重点工作之一，2014年出台的《国家新型城镇化规划（2014—2020年）》也提出建设各具特色的美丽乡村。

习近平总书记在党的十九大报告中提出要实施乡村振兴战略，并将此写入党章，2018年国务院发布《关于实施乡村振兴战略的意见》。随着国家乡村振兴战略的实施，美丽乡村的建设将进入一个新的阶段，将肩负农村振兴、国家复兴的重要责任。美丽乡村建设与乡村振兴战略是一脉相承的，美丽乡村建设服从于乡村振兴战略的总体安排，二者从战略和措施层面形成互补、搭配的关系。

按照乡村振兴战略的产业兴旺、生态宜居、乡风文明、治理有效、生活富裕的总体要求，农业部根据生产、生活、生态和谐发展的要求，认定"美丽乡村"应该是生态宜居、生产高效、生活美好、人文和谐的示范典范，是让农村人乐享其中、让城市人心驰神往的所在。射阳扎实地推进乡村振兴战略实施，按照科学规划布局美、村容整洁环境美、创业增收生活美、乡风文明的目标要求，提高城乡居民生活品质，促进生态文明和提升群众幸福感，建成一系列符合当地特色的宜居、宜业、宜游的美丽乡村。

国外"美丽乡村"建设的经验模式，因国别不同而各异。例如，日本主要培育乡村的产业特色、人文魅力等，实现"一村一品"；韩国实行农民自主建设，政府投入低，发展特色都市农业；西欧发达国家如德国探索出乡村文化、生态、旅游融合发展的可持续发展理念。而中国农业部也发布了国内"美丽乡村"建设的十大模式，为美丽乡村建设提供范本，分别是产业发展型、生态保护型、城郊集约型、社会综治型、文化传承型、渔业开发型、草原牧场型、环境整治型、休闲旅游型、高校农业型。每一种模式都代表着某一类型乡村在各自的自然资源禀赋、社会经济发展水平、产业发展特色、民俗文化传承等条件下建设美丽乡村的成功经验，例如安吉模式，利用其优越的自然条件、丰富的水资源、森林资源，以"生态为本"的发展理念，建设"中国美丽乡村"。

射阳美丽乡村建设的内容是以城乡发展一体化为主线、农村产业发展为基础、提升乡村人居环境质量为核心，以加快规划发展村庄基本公共服务均等化为切入点以及农村综合配套改革为保障，因地制宜建设"人文特色型、自然生态型、现代社区型、整治改善型"美丽乡村建设示范村庄，加强集镇示范社区建设。

一 农村经济基础筑牢美丽乡村根基

近年来,射阳坚持稳中求进的工作总基调,深入贯彻落实中央、省市关于"三农"工作的一系列重大决策部署,围绕全县发展改革大局,稳定发展粮食生产,深入推进农业产业结构调整,射阳的农村经济总体呈平稳运行态势。

(一) 农业稳产增收,种养结构优化

2017年全县实现农林牧渔业现价总产值187.7亿元,粮食作物总值面积224万亩,粮食产量108.3万吨,生猪出栏66万头,家禽出栏1630万只,奶牛饲养4500头,水产品总量21.2万吨。

射阳粮食产量实现12年连增,畜禽生产健康平稳,渔业形式稳步发展,农业经济总量增加并不断扩大。从表6—1可以看出农业经济总量逐年增加,不断扩大。2000年农林牧渔业总产值51.88亿元,而2017年已经突破187亿元,在不到20年的时间里,总产值增加了3倍多。粮食产量从2003年的65.54万吨,增加到2015年的114.54万吨,实现12年连增,是江苏省的粮食产量大县,并获评为全国粮食生产先进县。

表6—1   2000—2017年射阳农业发展状况

年份	农林牧渔业总产值(亿元)	粮食作物种植面积(万亩)	粮食产量(万吨)
2000	51.88	191.34	81.02
2001	55.86	176.31	75.42
2002	59.70	182.36	75.78
2003	66.00	165.12	65.54
2004	76.96	179.16	75.35
2005	85.19	182.60	76.81

续表

年份	农林牧渔业总产值（亿元）	粮食作物种植面积（万亩）	粮食产量（万吨）
2006	94.02	189.50	80.80
2007	98.82	202.86	81.02
2008	108.73	194.84	87.57
2009	114.32	206.00	93.63
2010	125.86	221.76	103.15
2011	142.23	225.96	107.49
2012	154.26	228.99	107.93
2013	165.21	231.11	110.35
2014	170.61	232.95	112.95
2015	176.33	235.28	114.54
2016	181.07	237.71	111.90
2017	187.67	224.00	108.30

数据来源：来自历年《江苏统计年鉴》和《2017年射阳国民经济和社会发展统计公报》。

从2016年开始，粮食产量呈略微下降的趋势（如图6—1），2016年全县的粮食产量114万吨，2017年产量111万吨，2017年与2016年相比，粮食产量下降了3.2%；2017年粮食作物种植面积也出现减少，由2016年的237万亩，减少到2017年的224万亩，减少5.4%。相关统计数据显示，粮食播种面积的缩减主要表现为，缩减了传统的粮棉油等作物的种植，替代以高效经济作物，缩减的作物规模大于新增的作物规模。近年来，射阳推广了10余个新品种，数十项农业新技术，随着联耕联种模式的深入推进，小麦亩产均超1000斤，水稻均产1364斤。2017年射阳以"淮稻5号""南粳9108"为主要水稻品种，重点推广水稻"上毡下钵"新型育秧盘育秧机插技术，实现产量63万吨；小麦以"郑麦9023""扬幅麦4号"为主要品种，重点推广小麦机条播技术，实现产量34万吨。

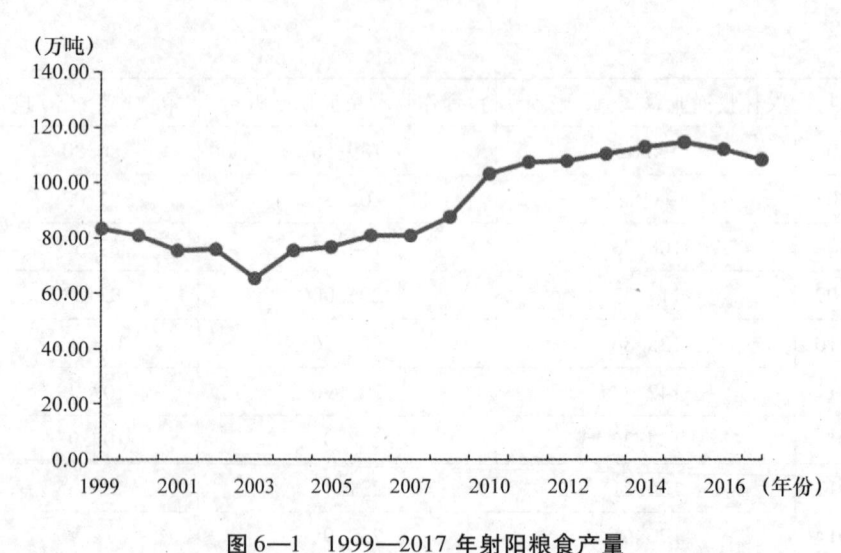

图 6—1 1999—2017 年射阳粮食产量

数据来源：来自历年《江苏统计年鉴》和《2017 年射阳国民经济和社会发展统计公报》。

尽管全县在粮食种植面积和粮食产量上有所减少，但通过将低产、低效益的品种替代为更加高效的品种，却带来经济效益的整体改进。从整体趋势上来看，农业经济仍平稳地发展。

（二）耕种模式创新，机械作业高效

2013 年射阳开始探索"联耕联种"的农业生产模式，即在不改变农民土地经营权的前提下，由农民自愿、村里组织，破除田埂，使"小田"变"大田"，实行统一耕种、机械化连片作业的农业生产模式，这种模式能较好地实现保护小农基础上的农业现代化，2016 年中央一号文件中将"联耕联种"列入新型农业服务类型。射阳围绕建设 10 个万亩示范区、11 个 5000 亩示范片、60 个整体推进村，通过扩面提质、循序推进，射阳已推广面积达 120 万亩，其中联管联营 35 万亩。新增高效经济作物 15 万亩，其中新增设施农业 3 万亩。

2016 年主要农作物机械化水平在 88% 左右，2017 已超过 90%；2016 年水稻机插率达 76%，2017 年超过 80%；2016 年

玉米机播、机收面积分别为3万亩、3.1万亩,2017年保持稳定;2016年粮食烘干设备新增321台,2017年继续新增408台;2016年新增与大中拖配套的秸秆还田机械(含铧犁)126台,2017年继续新增173台;2017年新增农机合作社15个,创建农机化科技示范基地2个,全县设施农业机械化水平较2016年递增幅达3.5%,新购置农机2715台,农业机械化装备增量保持全省第一。

(三)农民增收提速,城乡差距收窄

射阳以服务"三农"为宗旨,以增加农民收入为中心任务,努力改善农村居民生活水平,农民收入持续增长,2017年全县农村常住居民人均可支配收入达18064元。由图6—2可以看出,射阳农民人均纯收入逐年增加。1999年,农民人均纯收入3360元,2016年达到16536元,2017年又增加了1528元。

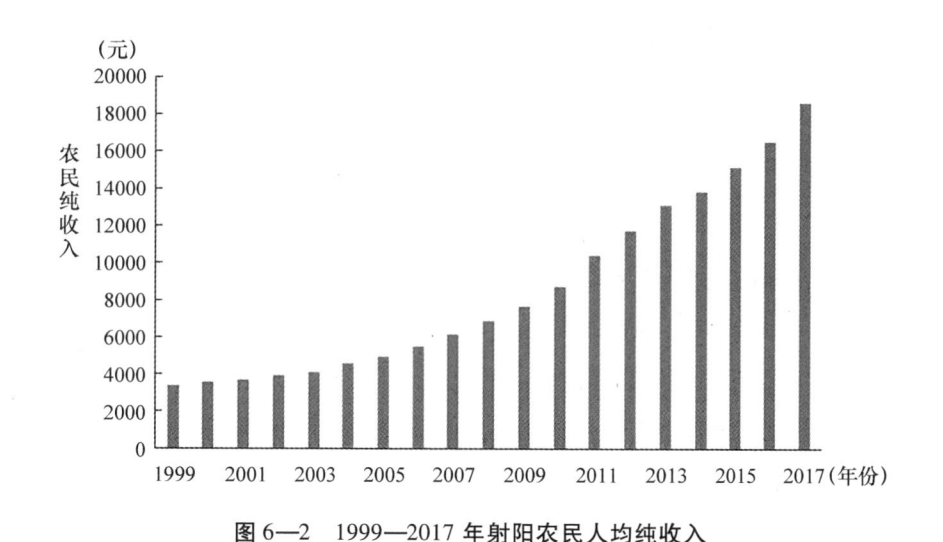

图6—2 1999—2017年射阳农民人均纯收入

射阳在城乡建设方面提质加速,按照国务院"放管服"深化改革精神,率先在全省范围内推动国土、规划"两规合一""两图合一""两局合一"。2017年完成了将十里菊香小镇列入

省级特色小镇培育计划,加快实施农村康居工程,完成了2.58万户危旧房改造,375个集中居住点开工建设。

此外,射阳目前已经实现了村村通公路的目标,等级公路普及到各个村镇(参见本书绿色交通一章相关内容)。便捷的交通条件,不仅方便了农村居民的出行,也为农村居民更好地通过经营农村产业、服务乡村旅游等渠道增加收入扩大了机会窗口。

(四)特色农业兴旺,重点基地涌现

射阳以加快现代农业发展,提升农业综合发展能力为主线,紧紧围绕"稳粮、扩经、提质、创优、富民"的结构调整思路,紧扣农业强县的目标,坚持走农业标准化、特色化、产业化、外向化发展之路,高起点规划、高标准要求、高质量推进农业结构调整工作,现已形成优质稻米、大蒜、中药材、食用菌、蚕桑、规模养殖等农业主导产业,同时还建成了一批重点产业园和基地。如合德友爱生态园、凤凰设施农业园、海河有机果蔬园、特庸万亩蚕桑基地、洋马药材基地、洋马"十里菊香"、临海万亩大蒜基地、向阳渔业公司、沿海3万亩土池蟹苗基地等。

洋马镇药材生产基地种植6万多亩名贵中药材,品种更是多达100多种,也因此获得"中国药材之乡"的称号。鹤乡菊海园区不仅发展药用菊花,还建立了以菊花为主题的农业休闲观光风景区,药用菊花产量先占全国市场70%左右,每年"菊花节"更是吸引众多海内外游客,以菊花闻名的"十里菊香"景区获评省四星级乡村旅游示范点。临海镇大蒜的常年种植面积13000公顷,年产蒜薹、蒜头共24万吨左右,1997年被评为"中国蒜薹之乡",注册的"青龙"牌蒜薹,因粗细适中、色泽碧绿、入口无渣、无病斑、耐贮藏,更是获得国家绿色食品标志。海河镇万亩有机蔬果园经过农业部认定入选全国农村创业

创新园区（基地），园区里的番茄、西洋芹、辣椒获得国家有机食品认证。"海河西葫芦"荣获"中国地理标志"产品称号。

二 美丽乡村建设"规划先行"

一直以来，在县委、县政府的领导下，各有关部门按照"科学规划布局美、村容整洁环境美、创业增收生活美、乡风文明身心美"的目标要求，高度重视规划各项工作，着力推进美丽乡村建设。

（一）建设示范点树立美丽标杆

射阳为了切实做好设施配套完善、生态环境优美、产业特色鲜明、社会安定和谐、宜居、宜业、宜游的美丽乡村建设的工作，2016年出台了《射阳推进美丽乡村示范点建设的实施意见》。总体目标是利用3年的时间，重点打造临海镇金海村、四明镇文明村、洋马镇药材村、新坍镇新潮村、海河镇烈士村等16个美丽乡村示范点和临海镇八大社区、千秋镇振兴社区等12个集镇示范社区，按规划分年实施、分步推进。

意见中明确了美丽乡村建设的保障措施：一是强化组织领导，成立美丽乡村建设县工作领导小组、县工作办公室、区领导小组。二是加大政策扶持，美丽乡村示范点能享受县级相关优先政策，给予路桥涵闸、农村管网、污水处理、绿化亮化、环境卫生、集中居住等诸多方面的支持和奖励。三是确保资金的投入，安排县专项资金预算，争取省、市专项资金，整合县委农工办、财政局、民政局、水利局等涉农美丽乡村示范点倾斜资金，更要争取工农商等积极参与和支持。四是严格督查考核，完善《射阳美丽乡村示范点建设考评办法》，把美丽乡村建设工作纳入县对镇区考核的重要内容，开展年度考核，对工作开展不力，建设进度不达序时的，要及时通报整改，确保美丽乡村示范点建设工作顺利开展。

（二）分类施策推进康居工程

为推进城乡统筹，改善农村居住条件，按照"政府不负债、企业不赚钱、农民得实惠、农村变面貌"的要求，射阳率先启动农村康居工程，建设"安居、康居、乐居"的村庄集中居住点，以提高农村居住品质、群众满意度和幸福感，2016年射阳出台《农村康居工程建设实施意见》。实施步骤分2016年7月兜底排查、摸清底数，2016年8月编制规划、设计房型，2016年9月至2017年6月全面启动、科学施工，2017年7月至2017年12月考核验收、完善提高四个阶段，目标任务是到2017年上半年基本完成农村危险房屋改造，确保农村家庭住房成套比例达80%以上。同年还出台了《关于全镇农村康居工程建设的实施方案》和《康居工程建设先行先试工作方案》，由此意味着农村康居工程相关工作全面启动，农村危险房屋改造、新型示范社区建设全面推进，新型城镇化和城乡一体化进程全面推动。射阳还专门成立评估组，对全县农村危房建成时间、实际数量、农民改造意愿等情况进行排查，建立了危旧房"一户一档、一村一册"的台账资料。

为了切实做好2018年农村危房改造工作，射阳又印发《射阳2018年农村危房改造工作实施方案》，规定了全县2018年需要完成950户农村危房改造任务，明确了在四明镇、海河镇、兴桥镇等13个镇区实施范围，按照翻建新修、维修加固给予四类重点对象相应的补助。

（三）健全机制力推环境综治

射阳自被列入江苏省覆盖拉网式农村环境综合整治试点工作以来，县委、县政府高度重视，紧紧围绕"抓点、带线、促面"和"创特色、呈亮点、出成果"工作目标，全力推进农村综合环境整治工作。2013—2014年射阳在13个镇的24个行政村开展试点工作，投入1920万元，2015年又纳入10个行政村。完成了《2016年度覆盖拉网式农村环境综合整治实施方案》，以长荡镇、兴桥镇、新坍镇、特庸镇、千秋镇、四明镇、盘湾镇、海通镇、临海镇、洋马镇、黄沙港镇、合德镇12个镇的16个行政村为综合整治试点，投入1449万元，主要处理生活污水和收集转运生活垃圾。

在大力整治农村环境综合整治的基础上，射阳还建立起了"保基本、广覆盖、所渠道"的"农村环境公共服务维护机制"，建立了一支精干高效的农村环境公共服务管护队伍，并出台下发了农村公共环境服务运行维护机制建设试点工作实施方案。

除此之外，射阳领导还高度重视农村河道的整治工作，以"水系畅通、河面清洁、岸坡整洁、水质提升"为整治目标，大力实施农村河道三年整治行动。截至2017年10月，累计投入1.03亿元，同年印发了《射阳2018年度农村河道整治实施方案的通知》，计划2018年全县疏浚整治河道总土方量1039万方，整治工程投资预计约4789万元，省级农村河道按照"集中连片、整镇推进"的原则，预计疏浚306万方，大、中、小沟共168条，预计投资1232万元；在省级农村河道整治的基础上，县级农村河道需整治大、中、小沟总土方427万方，共计373条、422公里；除此之外，10个镇级农村河道需整治条排沟2263条，共计304万方、927公里。

县委高度重视河道长效管护工作，始终把水生态文明建设作为为民办实事的重要举措，为了深入推进河长制，规范了镇村级巡查、督查、考核工作，积极维护河湖健康。2018年在11个镇（区）建设完成生态河道15条，总长度68.3公里，新建草皮护坡28万平方米，新植各类树木55万株。

（四）特色小镇要求射阳特色

2016年住房建设部、国家发展改革委和财政部联合下发《关于开展特色小镇培育工作的通知》，以特色鲜明的产业形态、和谐宜居的美丽环境、彰显特色的传统文化、便捷完善的设施服务、充满活力的体制机制为培育要求，坚持突出特色、坚持市场主导、坚持深化改革，到2020年，将培育1000个左右的特色小镇。2016年、2017年，住房和城乡建设部先后公布了两批共403个中国特色小镇。

为了深入贯彻中央和省市关于特色小镇创建要求，射阳主动适应和引领发展新常态，出台了《关于培育创建特色小镇的实施意见》，紧扣产业特色性、体现区域差异性，形成"一镇一风格"，重点打造产业特色小镇和旅游风情小镇。实施意见公布了两批产业小镇和旅游风情小镇的创建名单：第一批是洋马十里菊香小镇、特庸桑乐小镇、黄沙港渔港小镇、经济开发区航空小镇、经济开发区智慧能源物联网小镇和海通日月岛生态度假小镇；第二批有梨果小镇、蒜乡小镇、田园牧歌小镇、云端小镇、银宝生态渔村小镇和阳河湾休闲小镇。预计到2020年，创建10个左右县级特色小镇，争创4个以上市级特色小镇，争创2个以上省级以上特色小镇和1个国家级特色小镇。

洋马镇计划投入33亿元创建十里菊香小镇，特庸镇计划在王村、码头两个村规划1.1万亩创建桑乐小镇，黄沙港镇的渔港小镇二期工程将增加码头岸线700米，努力实现泊船1000艘、卸货30万吨的目标。

三 "五好"镇村阐释乡村内在之美

党的十九大针对中国农村现状提出了以"产业兴旺、生态宜居、乡风文明、治理有效、生活富裕"为总要求的乡村振兴战略。乡村振兴战略的实施促使美丽乡村建设进入一个崭新阶段，产业兴旺是美丽乡村经济建设的依托和载体，是发展的重点；生态宜居可以提高村民幸福感、满意度；文明的乡风可以提升"美丽乡村"的内涵。

射阳积极响应党的决策，在十五届三次党代会要求，扎实推进乡村振兴战略，围绕"五好"特色镇村建设，通过多种举措在"产业兴旺"上下功夫，让农业产业更强；在"生态宜居"上下功夫，让农村环境更美；在"乡风文明"上下功夫，让乡风民风更好；在"治理有效"上下功夫，让基层基础更实；在"生活富裕"上下功夫，让人民群众更富，建设宜业、宜居、宜游、宜养的村镇。

（一）产业兴旺：特色农业彰显射阳魅力

近年来，射阳大力推进乡村振兴战略的实施，在农业结构上进行了优化升级，使得种养业布局不断优化，稳定发展。不断地推进农业供给侧结构改革，把做强特色现代农业作为助力乡村振兴的工作重心，加快特色产业发展，促进现代农业发展壮大。

为了加快现代农业的发展，射阳将农业结构进行了优化升级，按照"稳粮、扩经、提质、创优"的结构调整思路，稳定水稻、小麦种植面积；减少大麦、玉米、小杂粮等地产低效粮食面积；增加大蒜、甘蓝、韭菜、莴笋、西葫芦、青菜等经济作物面积；推广农业新技术、新品种，提高水稻、小麦亩产量。规模养殖成效明显，例如生猪规模养殖比重达到95%以上，家禽年饲养稳定在3000万只的规模养殖，全县具有多家省级或以上畜牧生态健康养殖示范场。

为了推进农业供给侧结构改革，射阳以高效特色农业为发展方向，大力发展优质稻米、大蒜、中药材、食用菌、蚕桑、海淡水养殖等十大农业特色产业；以合德凤凰现代农业示范园为核心、打造合德现代农业产业园、海河四季果香农业园、开发区现代农业产业园、特庸"桑乐小镇"、洋马鹤乡菊海现代农业园、四明梦之园食用菌产业园、海通循环农业园、黄沙港休闲渔业示范基地9个层次高、规模大、辐射能力强的现代农业示范园区；射阳现代农业产业园荣获"省级现代农业示范园区""全国科普惠农兴村科普示范基地""江苏省4A级乡村旅游景点""盐城市农业科技产业园区""盐城最具魅力休闲农业园"称号。

射阳各镇村积极响应农业结构调整政策，因地制宜，形成独具特色产业融合的发展模式。四明镇以产业兴旺为抓手，以"区镇结对"思路，聚焦"有规模、有质量、有效益"的目标，打造了食用菌产业园、果蔬产业园、复合种养产业区、苗圃产业园区四大农业主题园，依照"一园一主题、一园一亮点、同类不同质、优势可互补"的原则，将农业资源与休闲体验相结合，实现一、三产业有效融合，从而形成产村融合、农旅协调共进、农民增收的良好局面。洋马镇推动产业间的融合，围绕中药材"种加销食"产业链，地道中药材苗圃、中药健康养生园；与农业发展联动，推广新型食用菊花，建立现代化育苗中心；与商业贸易联动，扶持电商、青年创业者在景区开设中药材销售窗口、中医中药文化宣传景点；与旅游发展联动，建设百亩农耕科普园、千亩露天菊海和万亩菊花文化馆。合德镇的友爱村在产业融合方面，依托劳模基地、强化农业和旅游结合、突出电子商务等方式实现一、二、三产业融合，打造绿色农产品基地3000亩，注册耦耕山药地理标志，打造乡村旅游生态圈，建600亩"森林氧吧"、摄影基地、农耕文化长廊，打造产品兴旺"智慧园"。

（二）生态宜居：农村环境整治扮靓乡村"容颜"

乡村振兴，生态宜居是关键。射阳全力推进乡村振兴战略，致力于打造"五好"特色镇村、秀美村庄。2016年年底,江苏省开始实施"两减六治三提升"(以下简称"263")行动。其中"六治"包括治理生活垃圾、畜禽养殖污染、黑臭水体等。射阳在农村环境综合整治中,重抓疏浚河道沟塘、畜禽养殖污物排放、农村生活垃圾转运和生活污水处理。

射阳每年投入上千万的资金推进覆盖拉网式农村环境综合整治试点项目,主要处理农村生活污水和收集转运生活垃圾,目前已有50多个行政村被纳入农村环境综合整治试点项目,2013—2014年"农村覆盖拉网式环境综合整治"项目已顺利通过省级考核。射阳治理生活垃圾的工作始终走在盐城市各县的前列,并率先启动洋马镇村垃圾试点工作,目前已有9个村居实现垃圾分类设施全覆盖。截至2018年8月,全县15个镇区全部成立环卫所,配备3—5人管理人员,建成了18座垃圾压缩站,添置了3万只垃圾桶、3.5万个垃圾池,配备229个垃圾收集拖拉机、3300人长效管护人员,镇区日收集转运130万吨生活垃圾,三年共处理农村生活垃圾13.5万吨。

为加强农村河道管理和保护工作,维护农村河道健康生命,保障农村河道清洁、引排畅通,射阳大力推进农村河道整治工作,全面完成河道整治任务,严格管理河道整治工作,健全工作制度,制定了《射阳农村河道长效管护办法》;落实"河长制",成立县农村河道"河长制"管理办公室,落实河道长效管护专职人员,落实农村河道长效管护工作的检查和考核。射阳农村河道疏浚九年计划五年实施,2017年超额完成了河道疏浚整治土方540万方的任务,实际完成1224万方,疏浚河道及渠道141公里。

为了推进畜禽养殖污物排放,改善农村生态环境,射阳出台了《射阳畜禽养殖污染专项治理工作实施方案》,全面开展治理工作。射阳采取农牧结合、全量还田、异位发酵、原位发酵、堆肥发酵、沼气工程等模式,全面推动畜禽粪污资源化利用,新增畜禽粪污处理能力约120万吨，规模养殖场粪污处理设施装备配套率达100%，规模养殖场粪污治理率和全县畜禽粪污综合利用率达90%以上。射阳认真贯彻落实关于"263"专项行动的要求，采取措施积极推进生活垃圾、畜禽养殖污染治理。在洋马镇开展生活垃圾分类处理试点。为了加快推进禁养区畜禽养殖清理整治和畜禽粪污资源化利用，2017年射阳关闭搬迁241个畜禽养殖户，建成各类畜禽粪污蓄粪池、沉淀池、沼气池等共3958座，建成生物有机肥加工厂1家，成为全国畜禽粪污资源化利用整县推进试点县。

为了发挥群众的积极性和主动性，射阳积极利用网络、媒体、电视、广播、村头宣传栏等平台加强环境整治宣传教育，把保护生态文明纳入乡规民约，完善责任包干、垃圾清运、监督检查等制度机制。为了使整治工作进入乡村各农户家，截至2017年年底，全县各镇区累计出动190台次宣传车，印制18万份各类宣传资料。

射阳各镇村多举措助力生态宜居乡村建设。海河镇推进民生实事，新建公共厕所5座，完成了农村厕所改造1000户，持续推进农村环境综合整治，开展畜禽粪污整治突击月活动，落实河长制。为了强化农村环境综合整治，还采取加强宣传教育、发挥党员作用和突出长效管护的方式。组织宣传车进行全镇村居巡回宣传；组织党员干部以宣传员的身份用实际行动带动村民自愿投入农村环境综合整治的工作中去；在各村居组建管护队伍，加强考核，健全长效管护机制，巩固农村环境综合整治的成果。洋马镇坚持以点带面、突出重点的原则开展农村环境综合整治工作，全力抓文化广场、沿河、沿岸的清理工作，配备环卫工人做到垃圾及时清理。划定片区，任务到村社、责任到人。

（三）乡风文明：乡风文明浸润最美鹤乡

乡村的振兴的建设不仅要体现在外在基础设施的建设，也需要注重村民的精神生活和精神面貌。乡风文明，乡村才能更美，射阳以创新、协调、绿色、开放、共享的发展理念为引领，通过多举措推进乡风文明的建设。射阳县委、县政府联合下发《2018年射阳乡风文明建设实施意见》，要求在全县范围内实施以"推动移风易俗，树立文明乡风"为主题的乡风文明建设，以"文化、文明"进村，以"创美丽乡村、创幸福农家、创现代农民"兴家为载体，推进城乡精神文明建设，形成勤俭节约、健康向上、崇德向善的良好风尚。

射阳开展的六项创建行动，一是社会主义核心价值观融入行动。推评"最美射阳人""有爱射阳·最美鹤乡"等活动，建立健全乡风文明志愿岗、打造乡风文明主题"三创"志愿服务品牌，组织开展"三下乡，赶大集"集中惠民系列志愿服务活动。近年来，射阳共评出310名"最美射阳人"，并在15个镇区和235个村居设置"友爱射阳·最美鹤乡榜"，展示好人好事；以"乡风文明志愿岗"为载体，集中组织开展文化、科技、卫生"三下乡"志愿服务"家家到"活动15次。二是创建家风文明传播行动。大力开展道德模范、身边好人、"最美家庭"和星级文明户、小康示范户、幸福农家"两户一家"等的推评活动；结合道德讲堂活动，组织实施农村先进典型基层宣讲活动；创评星级文明户33000户、小康示范户3300户、幸福农家7000户。三是移风易俗树新风带头行动。发挥党员干部的带头作用；建立办理红白喜事申报制度；大力宣传和倡导婚丧嫁娶新办简办的新风尚。2018年射阳通过宣传教育引导、典型示范引领、文明单位创建等多举措推进移风易俗，取得了很大的进展。全县通过多种宣传方式推进移风易俗，已有235个村居张贴融合移风易俗内容的村规民约，民间艺术团以文艺节目的形式走村串户演出420余场、农民画院创作具有新风画卷到各村各户。四是文明村镇创建行动。推出一批乡风文明建设突出的镇、村，参加国家、省、市文明村镇推评活动；组织开展"我推荐好村规好民约""我眼中的好家风好家训"等竞赛活动。实施弘扬"好家风好家训"活动，组织开展"我的好家风家训"演讲比赛等。举办"学好人、赶先进、树新风"为主题的道德讲堂活动1560余场次，参与人数超10万人次。五是"一约四会"共管行动。建立"四会"组织，研究制定制度章程，促进村级民主科学决策；制定红白事的办理流程、标准要求及奖惩规定，对村民婚丧事宜等民间风气进行定期评议；强化禁赌禁毒宣传教育，组织发动群众同赌博、毒品犯罪行为做斗争等。2017年，射阳试点村规民约，建立红白理事会、村民议事会、道德评议会和禁毒会等"一约四会"村民自治组织。2018年，千秋镇滨兴村成了射阳第一家村（居）乡贤理事会组织。六是旧俗陋习整治行动。整治婚丧车成串影响交通、鞭炮齐鸣污染环境、酗酒猜拳滋事扰乱等不良现象；依法治理违规土葬、乱埋乱葬、骨灰装棺再葬、超标准建墓立碑等行为；组织整治殡葬用品市场。

射阳各镇村为乡风文明建设推波助澜。海河镇推进乡风文明建设坚持典型引路、文化传承和教化引导，塑造移风易俗新风尚。大致有几方面：发挥党员干部模范带头作用，县镇两级党员干部一对一帮扶3047户建档立卡贫困户，开展精准扶贫脱贫工作。发挥道德模范的正面引领作用，塑造典型，坚持发现一个、塑造一个、影响一批。2017年共塑造先进典型与乡贤150人，评比了2438户星级文明户、幸福农家和小康示范户、40多户"百佳幸福农家"；以乡愁、乡音、乡情为主题，坚持文化传承，兴建"海河农耕文化博物馆"、传唱《家乡的油菜花》《射阳是个好地方》等歌曲，筹建陈明矿淮剧工作室和烈士村村史馆，重点打造"乡愁海河"水景公园；塑造移风易俗新风尚，围绕社会主义核心价值观，通过微视频、快板书、演讲赛等营造积极向上的社会风气，配备人员宣传政策法规、组织文体活动、收集村风民情信息等，吸纳老干部、老党员、老劳模、老教师等处理移风易俗、邻里纠纷。

射阳经济开发区针对民风民俗、乡风文明建设中存在的突出问题，通过广播、微信公众号等平台宣传乡风文明的相关内容；在全区范围内开展十佳村规民约、十佳家规家训等活动的评比；完善乡风文明责任机制，使管理有章可循；建立交流机制，及时提升村居文明的乡风建设水平；建立监督与考评机制，对乡风文明建设进行督查和考评。

千秋镇通过"最美千秋"微信公众号、村居广播、悬挂横幅等方式进行宣传乡风文明建设的主要内容和意义。利用老年艺术队，宣传"最美射阳"和"千秋好人"的先进事迹。利用张贴乡规民约，加大移风易俗工作，督促各村居完善红白理事会、村民议事会、乡风文明评议会等村民集体组织。

（四）治理有效：基层治理夯实平安乡村

基层治理是社会治理的基础，国家治理离不开基层治理。射阳在基层治理方面具体做法有：推进无访无诉镇村创建"三年行动计划"，完善多元化解矛盾纠纷机制；实施"雪亮工程"；构建以镇（区）、村居（社区）、村民小组（片区）为单位的三级综治服务体系，开展安全生产大排查、大整治，努力实现社会长治久安。2017年，射阳创建的无访无诉镇区达标率46%左右、村居（社区）达标率为78%左右。开展的社会矛盾和安全隐患排查、信访积案化解等专项活动，共排查798件交办信访问题，其中已化解722件。县平安法治志愿者协会成立20个分会，注册4万人平安法治志愿者，公众安全感达97%。2018年，射阳将加大力度，继续深入推进无访无诉"大调解"格局、"雪亮工程"建设、专兼职巡防安保力量等建设。

射阳还建立了基层党建和社会治理互融共促新模式。全面推行"网格化定位、多元化服务、全方位覆盖、常态化保障"的基层服务新模式，构建以"三级网络、四本台账、五项机制、六个作用"为内容的基层治理框架，实现"党建进网、服务进户"。

为了解决基层存在的突出问题，射阳创建"正风肃纪镇村行"专项行动，从强化农村"三资"管理、推进村会计异村任职和建立村级"小微权力"清单入手，着力推动基层正风反腐由治标向治本转变，加强农村基层党风廉政建设，全力谱写基层的新面貌。具体措施有：一是推进"三资管理+产权交易"监管、平台建设、清产核资、村级财务收支预算、村级资金非现金结算"五个全覆盖"，将农村"三资"管住、管实、管牢、管严，变糊涂账为清晰账。通过"三资管理+产权交易"监管平台，能一目了然查看各村的财务数据、资产、资源、经济合同等，同时产权交易的各个环节都可以追溯。二是针对村会计财务监管职能的缺失，射阳出台《创新村级组织会计队伍建设工作方案》，实行会计异村任职，建立审核把关制度，采取强村到弱村、先进村到落后村传帮带轮换，将业务能力过硬，思想作风正派的会计派到管理松散、发展滞后的村任职，对会计的考核由单一考核变更为农经中心和村双重考核。印发《关于严明村会计异村任职工作纪律的通知》，"十个严禁"纪律规定，让村级财务规范管理。三是对于"小微权力"的规范，出台了《关于规范"小微权力"的实施意见（试行）》。意见中列出的9大类32条村级权力清单有效地规范村干部的办事流程和权责范围，更好地提升人民群众的满意度。

（五）生活富足：兴业富民织就乡村新画卷

射阳第十五届三次全会突出富民导向，坚定不移地推进兴业富民，确定富民与安民并举的总体要求，加快推进基层基本公共服务功能配置标准化建设，将更多的人财物要素向基层倾斜，将更多的优质公共服务资源向农村延伸。射阳第十五届三次全会闭幕后，全县范围内掀起了一轮富民的热潮，各乡镇发挥资源优势，打造适合发展的富民举措。

新坍镇为了富足群众的"钱袋子"，探索出具有新坍特色的富民新路子。通过招商引进重大项目，新增就业岗位，推动农民向产业工人转化；通过调整农业结构，整合现有农业种植养殖资源，扩大大棚养虾、稻田泥鳅等多种水产养殖，引进循环农业科技园项目，形成以"种植+养殖+加工+科技+营销"相配套的产业带等措施推动田头富民。通过"互联网+"推动电商富民，创建"星火创业公社"电商等平台，网上销售农副产品，形成由"农户+电子商务+消费者"的运行模式。

特庸镇蚕桑产业凸显富民效应。蚕桑是特庸镇的特色产业，全镇80%以上农户从事养蚕、育苗等生产。为了发展蚕桑产业，带动群众致富，致力于打造现代农业类特色小镇，特庸镇推进蚕桑产业有效融合，探索出"企业+基地+农户""公司+工厂+农户"的产业化经营模式，实现产供销一条龙；探索农户建设乡村旅游农舍、农果桑种植大棚等富民新路径；鼓励蚕农向专业大户、家庭农场等方向转型。自2017年以来，特庸镇投入500万元拓宽桑园2730亩、果桑200亩和茶桑60亩，全镇农民人均纯收入约19000元。

四　美丽乡村建设经验

射阳在县委、县政府的坚强领导下，全力推进乡村振兴战略的实施，在打造产业发展好、生态环境好、乡风文明好、社会治理好、富民成效好的"五好"特色镇村的美丽乡村建设方面取得了显著的成效。射阳美丽乡村建设的实践为全国其他地区提供了美丽乡村建设的新经验。

（一）产业结构升级壮大特色农业，建设宜农乡村

射阳按照"稳粮、扩经、提质、创优"的结构调整思路，

对农业结构进行了升级。以高效特色农业为发展方向，大力发展优质稻米、大蒜、中药材、食用菌、蚕桑、海淡水养殖等十大农业特色产业；以合德凤凰现代农业示范园为核心，打造合德现代农业产业园、海河四季果香农业园、开发区现代农业产业园、特庸"桑乐小镇"、洋马鹤乡菊海现代农业园、四明梦之园食用菌产业园、海通循环农业园、黄沙港休闲渔业示范基地等9个层次高、规模大、辐射能力强的现代农业示范园区。

2017年粮食面积224万亩，新增高效经济作物15万亩，粮食产量108万吨，联耕联种推广120万亩。"射阳大米"被授予"2017全国农产品区域公用品牌"前100强称号、荣获2017年最受消费者喜爱的中国农产品区域公用品牌。新建"菜篮子"工程菜篮子基地3个、蔬菜园艺作物标准园1个。

（二）大力提升农村人居环境，建设宜居乡村

射阳把改善农村生态环境和人居环境作为打造美丽乡村的突破口和主攻点，大力改善农村生态环境，实施农村河道三年整治行动，全面推行"河长制"，完善河道长效管护机制，累计投入1亿元左右，疏浚农村河道4200多条，共计2800多公里。

推进城乡统筹，改善农村居住条件，按照"政府不负债、企业不赚钱、农民得实惠、农村变面貌"的要求，射阳率先启动农村康居工程的建设，按照"一户一档""一寸一册"，累计拆除各类危旧房10347户，完成危房改造22698户，开工建设375个集中居住点，竣工和在建住房5100户，其中已交付托底困难户保障安置房653户。

坚持科学规划引领，编制美丽乡村示范点、美丽乡村集镇示范社区建设，大力开展16个美丽乡村示范点、12个集镇示范社区的打造。已建成全国"一村一品示范村镇"洋马镇药材村，初步形成洋马十里菊香、特庸蚕桑小镇、兴桥天然氧吧、千秋阳河湾等"一镇一品特色"乡村旅游，荣获"中国最美乡村"

休闲旅游名县。

为了更好地实现让老百姓"望得见绿、看得见水、记得住乡愁",射阳充分发挥生态资源、区位条件等优势,坚持重点抓生态镇村建设,并全力推动生态镇村创建全覆盖。目前,全县已有13个镇实现省级生态镇全覆盖,在合德、海通、盘湾、黄沙港建成国家级生态镇,特庸、洋马、海河等6个镇已通过国家级生态镇考核。

射阳林木覆盖率高达28%,全年空气优质天数321天,具有一镇一品特色的"十里菊香"、特庸蚕桑小镇、千秋阳河湾等乡村旅游,吸引游客190万人次,并荣获了"中国最美乡村旅游示范县"的称号。

(三)大力推进兴业富民,建设宜业乡村

以"兴业富民"为导向,推进"五富民"举措,2017年农民人均可支配收入达到18000元。

一是经营富民。提升传统产业,采取"农户+农户+合作社"的经营方式,推广联耕联种120万亩。壮大产业规模,推广特色种植,打造大蒜、菊花、蚕桑核心基地共6000亩。

二是智慧富民。"互联网+"的发展模式,使农村信息渠道畅通,2017年建立120个村居益农信息社,加大推广"一村一品一店",完善"县、镇、村"三级服务体系,建电子商务村2个、镇级电子商务平台15个,农产品电子商务销售额超20万元。

三是技术富民。大力推广农业新品种,种养新技术、新模式。2016年全县推广了10个新品种,12个农业新技术。2017年推广农业水稻"南粳9108"50万亩、"扬麦23""宁麦13"等红皮小麦品种30万亩,大力推广"稻田+N"粮田高效种养模式。

四是能力富民。持续开展有针对性、实用性的农民就业培训，2017年新增新型职业农民10000人；实施乡土人才"百千万"培育工程，培养一批乡村工匠、非遗传承人等，举办县首届"文化工匠"评比活动，评出王复军、沙连奎、孙德芝等26名"文化工匠"。

五是服务富民。在国道、省道沿线重点打造农业精品、旅游、休闲体验等线路，目前已推出国道228、省道226、幸福大道和射阳河4条精品旅游线路。大力推进农业和服务业融合发展，通过农家乐、民宿、农民画、草编等带动农民创业增收，重点发展草编工艺等20个"文化+"产业项目。

（四）大力发展休闲乡村旅游，建设宜游乡村

射阳坚持"突出重点，彰显特色、优势互补、错位发展"，积极打造"一村一品"、"一村一景"，注重现代农业与旅游业有机融合，初步形成了西梨（园）、南菊（花）、东水（产）、北粮（食）、中苗（木）等一批特色农业景观。2015年总投资16亿元的江苏通融光伏现代农业园落户海通镇，是集休闲观光农业、智能农业、现代设施农业于一体的现代农业园。2018年继续推进洋马鹤乡菊海现代农业产业园、海河农耕文化博物馆休闲观光农业景点和"友点喜爱""乐活桑镇"创意农园的创建。鹤乡菊海现代农业产业园、合德镇凤凰村的凤凰现代农业示范园吸引众多游客参观。

（五）弘扬农村文明乡风，建设文化为魂的人文乡村

美丽人文是美丽乡村建设的灵魂所在，以"两文"进村、"三创"兴家为载体，推进城乡精神文明建设，形成文明健康的良好风尚。

2018年出台《2018年射阳乡风文明建设实施意见》，在全县范围内实施"推动移风易俗、树立文明乡风"为主题的乡风文明建设。大力开展道德模范、"最美射阳人"、"最美家庭"

和星级文明户、小康示范户等评比活动,"我的好家风家训"演讲比赛等活动,通过张贴墙、宣传册、文艺节目汇演、道德宣讲等活动,来推进家风文明传播。目前已评出310名"最美射阳人"、星级文明户33000户、小康示范户3300户、幸福农家7000户,全年民间文艺汇演420余场。

第七章 十大策略：射阳绿色发展的主要经验

绿色发展已经有机融入射阳经济社会发展的奔流中，绿色也成为射阳这座"有爱小城"发展的最靓底色乃至特色。同时，绿色发展也由先前被动的勉力坚持演化为主动的自然性行为，并由经济社会发展的约束性因素嬗变为引领性因素，"生态立县"的战略目标已经初步实现，射阳正在以全新的形象崛起并屹立于黄海之滨。射阳的绿色发展经验对于全国各地的经济社会发展或许都有诸多的启迪和借鉴之处。

一 化危机为契机，秉"断代思维"创塑全新印象

2015年1月11日，射阳第十四届党代会第五次会议报告提出，要将"创塑全新印象、奋力后发崛起"作为当前和今后一个时期射阳的发展定位，努力以新作为开创新局面，并确定"一年打基础、两年进位次、三年争先进，三年干成五年事，力争'十三五'进入全市第一方阵"的工作目标。对于当时处于发展低谷的射阳而言，这样的目标过于宏伟和不切实际，以至于质疑和不以为然者甚众。但是，仅仅三年半以后，射阳竟已成为盐城全市发展的领跑者。这样的成就超过了既定的奋斗目标，更远超许多人的想象。

第七章 十大策略：射阳绿色发展的主要经验

射阳第十四届第五次党代会的前夕，射阳刚经历了一番由部分主要领导者贪污腐败引发的社会经济危机。"塌方式"腐灾震惊了射阳，甚至震动了全国。人们既担忧这种腐灾背后经济社会发展环境的恶化，也充满了对射阳未来发展的迷茫。人们的担忧无疑是有道理的，2010—2014年，射阳地区生产总值的增速一直处于盐城全市的末位，2014年更是比其余县市区最低增速者还低了将近1个百分点。射阳何去何从，成为射阳人心中最大的问号。在这一时刻，丧失发展方向，党组织凝聚力下降，行政队伍人心涣散，人民的怀疑和不信任日重，成为阻碍射阳经济社会发展的主要因素。

如何面对和处理危机造成的不良影响，并带领射阳走上新的发展道路，成为射阳新的一届领导班子的首要任务。射阳在对过去进行深刻反思的基础上，决定化危机为契机，将"创塑全新印象"当作摆脱危机不良影响和革新砥砺前行的首要目标。危机的发生，使射阳摆脱了往届领导者可能对未来发展定位、工作目标、战略路径等方面造成的阻碍，使射阳可以在新的形势下制定全新的发展规划和战略，有可能借此摆脱长期落后于兄弟县市的被动局面，并促使射阳重返全市第一发展方阵。从这个意义上讲，也未尝不可以看成一个契机。

然而，化危机为契机，除了要根据新的发展形势对射阳发展战略进行重新调整和规划外，还要尽快扭转全县党政机关人员迷茫和怀疑的思想状态，改变其懒散和无为的工作作风，重新建立一支思想解放、精神纯洁、能打硬仗的组织队伍则是更为基础和首要的任务。因此，创塑"全新印象"，首先要创塑的就是党政机关等组织队伍人员的全新印象，以此带动全县各项工作创塑"全新印象"，继而实现整个射阳创新创业、开放开发、绿色宜居、共建共享、风清气正"全新印象"的创塑。

于是，射阳开始将思想变革作为首场硬仗，深入开展"思想大变革、精神大提振、作风大转变"主题教育活动，"十问射阳"大讨论活动迅速在全县750名科级干部中率先开展，继而向镇区、部门、单位的重点人群深入。"十问射阳"就是：一问精神状态好不好、二问宗旨意识牢不牢、三问肩上压力大不大、四问争先意识强不强、五问干事动力足不足、六问工作作风实不实、七问创业本领高不高、八问干群关系密不密、九问发展环境优不优、十问自身要求严不严。不仅如此，射阳十四届五次党代会确立的新定位、新目标、新战略鼓舞士气、催人奋进，广大群众参与"十问射阳"大讨论的热情空前高涨，不同层面"十问射阳"大讨论座谈推进会相继召开。大讨论在推动党员干部思想解放、目标定位提升、责任担当增强方面发挥了重要的作用，广大党员干部压力责任上肩，工作节奏加快，干事创业蔚然成风，"十问射阳"大讨论彰显出强劲的思想动力。

除此之外，射阳还及时开展"破解难题促发展"活动，大力弘扬迎难而上、直面挑战的精神，充分激发全县干部群众推动提效进位的昂扬斗志；并配以"整治不作为、提升执行力"专项行动，切实加强机关作风建设，着力整治"为官不为"突出问题，增强各级干部的责任意识和担当精神。而在全县经济社会发展取得了显著阶段性成果，高质量发展成为全县新的要求和目标之际，又推动开展"以思想大解放引领高质量发展"大讨论，努力用改革创新的思路解决实践探索中的问题，为推动射阳高质量发展凝聚思想共识、提供动力引擎。

在这些大讨论和活动中，一支敢于担当、勇于创新、善于突破的干部队伍快速成长，在外人士回乡发展的强烈愿望明显激发，人心思齐、人心思进的氛围日益浓厚，成为射阳后发再起的动力之源。讲政治顾大局、守规矩重规范、勤作为敢担当、严自律作表率的良好政治生态逐渐形成，党风政风民风持续向好，成为射阳奋力拼搏、加快发展的底气所在。

二 变劣势为优势，循"绿色理念"奋力后发崛起

射阳第十四届第五次党代会将"创塑全新印象、奋力后发崛起"作为未来一段时期发展定位，不仅化危机为契机，而且突出强调了射阳的发展优势，即独特的资源禀赋条件可能带来的强大后发优势。后发充其量只是一种条件，这种条件并不必然转换为优势，如果不能把握形势精准谋划，后发甚至只是一种劣势，正如危机前一段时期的射阳，经济发展长期落后于兄弟县市。正是深刻认识到这一点，射阳新一届领导班子系统总结经验教训，深入分析发展形势，充分认识和评价射阳的资源禀赋条件，制定了全新的发展战略目标和路径，并使其成为凝结全县人民力量的理论指南和实践依据，最终变劣势为优势，使后发崛起成为现实。

早在2011年，射阳就启动了生态县创建工作。但是，此时的生态县创建，更多的是由于境内的丹顶鹤保护区的存在被动而为。同时，射阳在此后相当长一段时间，也没有很好处理生态保护与经济社会发展的关系，从而导致生态县的创建一定程度上制约了经济社会的发展，这也是2011年以后射阳在全市经济发展长期垫底的原因之一。在"创塑全新印象、奋力后发崛起"的总体发展定位提出后，射阳明确了生态优先、绿色发展的思路，2016年又响应盐城市第七次党代会的号召，进一步将"生态立县"作为全县的发展战略，提出"绿色引领、调转同步、扩量提质、改革创新、奋起直追"的要求，最终在处理生态建设和产业发展的关系方面，探索出了一条具有本地特色的生态文明建设之路。

射阳的哪些资源禀赋可能成为后发崛起的优势条件？丹顶鹤保护区曾被视为射阳发展的制约因素，然而，丹顶鹤的名片

效应和标识意义又是多少地区所渴求而不可求的宝贵财富？滨海广大的滩涂使射阳失去了亲海活动所必备的沙滩和浴场，也限制了许多临海产业的可能发展，但是，大海每年馈赠的滩涂资源又为射阳扩展了多少宝贵的土地空间？即使那些滩涂，略加改造，又可以形成多少天然的芦苇湿地和养殖渔场？更何况，黄海之滨，滩涂之上，风能资源的丰富程度又岂是一般内陆县市所能比拟的？还有那对射阳人若即若离的大海，又有多少神秘的渔业资源、水能资源、生物资源有待开发？这些资源禀赋，都是射阳未来发展的潜在动力源泉所在。

另一方面，射阳所面临的区域发展条件和所面对的全国发展阶段都发生了巨大的变化，也可能为射阳的后发崛起提供新的动力源泉。射阳距离盐城南洋国际机场的距离不超过50公里，距离盐城站的距离也不超过50公里，射阳对外交通条件并不逊于盐城大市区，特别是连云港到盐城快速铁路的开工建设，以及作为京沪高铁新通道的盐城到南通高铁的规划和建设，将很快补足苏北沿海地区曾是交通末端的短板，一跃成为联通东西南北和沿海地区的前沿阵地，毗邻长三角和上海、身居沿海地区中腰的潜在优势将彻底被激发，立足于这种长远交通枢纽优势谋划射阳新的发展布局将是完全可能的。更何况，江苏沿海开发战略早已被列为国家战略，随着交通条件的改善和逆转，政策的激励作用在射阳未来发展中也将变得更加显著和强烈。就全国发展形势而言，随着环保监管趋于严格，地区产业生态化的竞争劣势也得以扭转。同时，人们收入水平的提高使对绿色农业产品、休闲旅游产品的需求也在迅速增加。这些都为射阳协调生态保护和产业发展的关系创造了有利条件，后发优势也由于更广阔的发展空间而凸显出来。

正是在对优劣势和资源条件深入分析和准确把握的基础上，射阳才确定秉持"绿色发展"理念，既要绿色，又要发展，产业生态化，生态产业化，使绿色和发展、生态和产业有机融合，走出一条具有射阳特色的生态文明之路。

射阳立足资源禀赋和发展基础，实施调转同步与结构调整战略，科学明确"3+3"主导产业定位，大力培育绿色生产力。健康产业、高端纺织、机械电子3个传统产业由低到高加快转型，航空装备、新能源及其装备、新材料3个新兴产业从无到有快速集聚，新兴产业占比从四年前的21.5%提升到2017年的37.5%。

射阳还以"海风河韵、水绿生态"为主题，对旅游资源进行统筹规划、深度挖掘，走出了一条全域旅游与城乡统筹、产业融合、农旅融合的发展道路。射阳争创5个国家级旅游品牌，日月岛生态旅游区入选国家旅游局优选项目之一。2017年，全县累计接待游客200万人次，同比增长15%，游客人均消费达1000元以上。2018年，全县正在实施重点旅游项目20个，计划投资50亿元。在拥有得天独厚的自然生态资源和丰富的文化底蕴的前提下，旅游业已然成为拉动县域经济快速增长最具活力的绿色产业之一。

射阳发展航空装备、新能源及其装备、新材料3个新兴产业，正是因为射阳坐拥广阔的滩涂和风能资源，因飞行条件优越而批建的通用航空机场，以及便于大进大出的射阳港口的兴建。这些产业不仅是新兴的，也是具有特色的，能够直接与其形成竞争的区域并不多，必定会成为强县富民的核心产业。同时，这些产业也是生态环保的，在推动射阳经济社会发展的同时，并不会带来生态环境方面的压力。

射阳旅游业的发展前途无疑也是光明的。随着高速铁路、高速公路和航空现代立体交通网络的逐步完善，包含射阳在内的盐城地区将成为上海、长三角地区后花园，也将成为沿海地区旅游经济带的枢纽型区域，可以预期人流将会迅速增长，生态产品旅游化所带来的效益将更为可观，从而将为绿色发展注入更强的内生发展动力。

三 融盐城接上海，重构区域经济发展新格局

一个地区的发展，离不开特定的地理区位条件，但这种地理区位条件本身并不必然表现为"地利"。地理区位条件一定程度上是绝对的，而"地利"却还带有相对的一面，它不仅需要"天时"的造势之功，也需要"人和"的乘势之能。唯其如此，地理区位条件才可能转化为独特的"地利"，获得其他区域难以替代的核心竞争力。

射阳居黄海之滨，长江之左翼，上海之北展，纯粹的地理区位条件不谓不优越，在近代发展史上也的确辉煌过，但在新中国的改革开放大道上，却与长三角地区渐行渐远，宛如断线之鸢偏落一隅，令人唏嘘。这种情况的出现是与中国经济发展的阶段特征和交通条件密切相关的。中国的劳动密集型产业得益于人口红利而最先获得发展，这种产业的外资利用、出口导向和产业集群特征比较明显，港口航运优越、毗邻商贸金融中心、内部联系便捷度较高和思想较为解放的地区势必会优先发展，珠三角和长三角具备所有这些条件，自然成为经济最先发展的区域，并随着形势的发展不断转型升级，不断奠定和巩固自身的优势竞争力地位。此时的射阳，乃至广大的盐通地区，只能与上海和长三角隔江相望，"待时而动"成为其不得已的战略选择。

随着中国经济进入新的发展阶段，最先发展地区的土地空间和城市空间日益缩小所带来的限制作用越来越强，同时人们生活、产业发展和城市建设对生态环境的要求越来越高，后发地区的优势开始渐渐显现。即便如此，由于中国地域广大，也并不是所有的后发地区有足够的能力将空间优势和生态优势转化为发展优势，必然仍是那些处于交通要冲、位于发达地区周边和自然禀赋条件优越的地区，才可能成为新的增长极地区。

射阳所处的盐通地区，正是具备这样一些发展条件的地区，在各种国家战略和规划政策所带来的催化效应下，再度腾飞只是时日问题。

对外交通条件的改善将使射阳的潜在地理区位优势真正转化为"地利"。"5＋1"高速铁路网的加快建设，将使盐城迈入高铁时代，到杭州、苏州、无锡等长三角主要城市时间缩短2/3以上，并进入上海"一小时经济圈"辐射范围内，盐城将从交通"末梢"变为交通"枢纽"，沿海"洼地"跃升为发展"高地"。射阳作为毗邻盐城市区的属县之一，不仅自身将拥有高铁站，而且距离盐城高铁枢纽站也不足半小时的车程。同时，射阳还拥有商港、渔港、空港。高速、高铁、高等级公路一应俱全，射阳的对外交通条件已是今非昔比，其承南启北、通江达海的潜在地理区位优势日益凸显。

射阳还是江苏沿海开发和长三角经济一体化国家战略的叠加区域，国家"一带一路"倡议和江苏省"1＋3"区域发展战略的重要节点。射阳的海陆风光资源也十分丰富，旅游观光资源独具特色，生态环境资源十分优越，是国家级园林城市、国家级生态示范区，江苏省空气质量最好的县份。城市功能不断完善、城市品质不断提升，顺利建成国家卫生县城、江苏省文明城市，宜居宜业宜游的现代海滨城市形象日益凸显。

由于已具有以上的"天时""地利"，以及自身良好的生态资源基础，射阳的区域经济发展格局迫切需要调整重塑，以迎接正在到来的新的重大发展机遇。正是在此形势下，射阳适时提出了"融入大市区，接轨大上海，推动大发展"区域发展战略，试图以此重构区域经济发展新格局，助推射阳早日走上腾飞之路。

"融入大市区"主要包含三个层面的内容：一是拓展射阳人们的生活空间，提高人才吸引力；二是提升产业链的完整性，增强产业集聚力，三是提高资源共享程度，推动成本节约和发挥规模效应。之所以要融入大市区，一方面因为盐城市区具有交通枢纽地位，并且高铁和机场也都邻近射阳，另一方面也由于盐城市区规模更大，其生活配套、公共服务和产业链完整性都强于作为属县的射阳，在保持适当独立的前提下，射阳融入大市区能够获得更大的规模收益，并可以享有资源共享带来的成本节约方面的好处。射阳融入盐城大市区的方式也是多方面的，不仅要建设与盐城市区相联系的立体快速交通网络，而且要在公共服务共享、社会管理机制协调等方面进行大胆的探索和创新。当然，射阳也要避免因"融入大市区"而带来的异地消费所导致商业凋零和公共服务衰败等问题，防止射阳城市功能弱化和居住品质下降等问题的出现。

"接轨大上海"也主要包含三个层面的内容：一是承认上海在长三角区域和盐通地区的龙头地位，合理界定自身在区域城市群中的功能定位，实行错位发展和功能互补；二是借助上海丰富的商业科教资源和世界影响力，承接上海科研项目或者产业项目的转移；三是发挥自身丰富的资源优势，充分满足上海居民生活和产业发展的特定需求。以上事实也说明了射阳为什么要接轨大上海，即要实现与上海甚至长三角区域城市的功能互补、产业互联、需求互动。"接轨大上海"将使射阳一跃成为世界重要城市群的一员，也倒逼射阳发展要有更高的定位和更大的格局，在与长三角区域竞争乃至全球竞争中不断提升自己，从而最终实现自身发展的战略目标。不过，泛长三角地区主动"接轨大上海"的城市不在少数，怎样接轨、最终通过接轨能实现怎么样的目标都是这些城市要考虑的问题。至于射阳，"接轨大上海"具有后发优势，这种后发优势的发挥需要在更高的层次上予以实现，不能以经济性目标为追求，而要以功能性目标为追求，真正让上海乃至泛长三角地区感受到射阳功能的不可或缺性，这种"接轨"才是有意义和成功的。

融市区连上海，为射阳打开了通向中国最发达经济区乃至全世界的大门，对于射阳而言，将形成新的区域发展格局，从此射阳将不再是孤悬黄海之滨的一片沧海桑田，而是成为一个潜力巨大的带有历史使命的发展区域。交通的一体化将是关键的一步，但也只是第一步，产业发展和城市的一体化，将是射阳融市区连上海的主要内容，尽管射阳在这一方面已经做了很多，但仍然是初步的。新的区域发展格局初现，但还远未形成，未来仍然任重道远。

四 三大突破并施，勾勒有爱小城发展大空间

无论是实现创塑"全新形象"的发展目标，还是实施"融入大市区，接轨大上海"的战略构建新的区域发展格局，最终要体现到射阳的自身发展上，这种自身发展状况也将成为发展目标和战略推进情况的衡量标准，并且会反过来加速或延迟未来发展目标和战略的推进速度。为了重塑自身发展框架，勾勒新的城市发展空间，射阳提出了"三大突破"构想，即抓住射阳经济社会发展的主要矛盾，对"城市、交通和产业"三大领域实现重点突破，使城市生态宜居、交通外通内畅，产业绿色集聚，全面改造和提升射阳的生存空间、交往空间和发展空间，增强射阳对人才和产业的凝聚能力，推动射阳走上高质量发展之路。

突破城市，重在提升城市宜居宜业功能。射阳将"高清临港新城区"作为城市特色定位，致力做到"五高五清"。"五高"即高品位设计、高质量建设、高水平经营、高标准管理、高速度推进；"五清"即清新的空气、清澈的河水、清晰的灯光、清洁的环境、清明的政务。为实现这一目标，射阳按照"组团式规划、项目化推进"的思路，高标准提升城市总体规划和组团专项规划，以"市场急需、市民急盼"为取向，全力组织实施城市十大组团开发开放、十大工程治理服务，精心打造

幸福大道、开放大道两条开放靓丽主轴线，努力建设集智慧、人文、生态、宜居为一体的沿海魅力新港城。规划到2020年建成区面积达32平方公里，集聚人口35万人，城市绿化覆盖率46%，服务业增加值占GDP的比重超过50%。

城市组团是打造城市框架和提升城市功能的主要空间载体。射阳将城市十大组团的功能分别界定为：一号组团打造"集聚人气、宜养宜居"的健康养老组团；二号组团打造"设施一流、名医荟萃"的新型医疗组团；三号组团打造"欧洲风情、韩风体验"的金贸大街组团；四号组团打造"省内知名、学在射阳"的品牌教育组团；五号组团打造"低碳环保、智慧办公"的现代商务组团；六号组团打造"水绿人文、书香飘逸"的文化生活组团；七号组团打造"商贸繁荣、风情别致"的综合商业组团；八号组团以打造"时尚休闲、健身强体"的体育服务组团；九号组团打造"老街老巷、旧景新城"的农副贸易组团；十号组团打造"制造升级、功能配套"的特色工贸组团。

城市治理则是营造城市生态宜居环境的主要手段。射阳实施了"三治三化三提升"九项专项行动，即水环境治理、棚户区治理、违法建设治理，城市绿化、亮化、美化，智慧交通提升、智慧城管提升、城市文化提升；又推进十大工程治理服务，即店招店牌规范化、黑臭水体整治、生活垃圾分类处置、智慧交通提升、道路维修改造、停车便利化、城市绿化提升、书香城市建设、棚户区和老旧小区改造、社区服务阵地达标。射阳还重视文化强县建设，积极打造具有射阳特色的亮丽城市"新名片"，努力营造浓郁的城市文化氛围。通过充分挖掘射阳本土文化，提炼出一批有影响、有特色的传统文化元素，并将这些元素融入城市文化建设中，形成具有"射阳印记"的文化内涵、文化品牌。

突破交通，重在通过拉开城市框架拓展生活生产活动空间。射阳曾经位于中国地理版图的"交通末梢"，倍感交通条件对一个地区发展的重要作用，因此，坚持通过大投入推动大交通，创塑全新的"交通形象"，也成为射阳痛定思痛后的重大战略抉择。按照"六大产业、六大板块、六高功能区"发展的要求，射阳交通全面扩容，将建立"外通内畅"的立体交通网络作为大交通建设的根本目标。2017年，射阳实施的重点交通工程累计固定资产投资达到了57.61亿元。

"一张网"构建对外交通"主动脉"。随着"五纵三横两联"骨干路网的形成，连盐铁路的即将建成，3.5万吨进港航道及码头的通航，通用机场的投入使用，射阳"公、铁、水、空"多种交通方式有机衔接的交通运输"一张网"建设取得初步成果。同时，盐射疏港高速、疏港铁路支线、疏港内河航道等一批重大工程也列入省级规划，建成后将全面融入大市区半小时通勤圈，上海杭州1.5小时、南京2小时和北京3小时经济圈。射阳现代综合交通运输体系的构建已经取得了历史性突破。

打通农村公路畅通"毛细血管"。射阳在构建对外交通"主动脉"的同时，积极畅通内部"毛细血管"，打通百姓出行最后"一公里"。射阳紧紧围绕"交通富民"总目标，一手推进"村村通"，一手狠抓"路路好"，确保让村民尽快走上宽阔平坦的康庄大道。2016年射阳开始实施农村公路提档升级工程"三年行动计划"，2018年年底将实现全县13个镇（区）镇村公交全面开通，开通率达100%。同时，各乡镇之间是宽敞的柏油路，村组之间也基本通了水泥路。

优化城区路网建设"通畅射阳"。路网是城市的动脉，也是优化城市空间的骨架。射阳用宏观的视野，加快推进城区断头路、瓶颈路的改造，加大微循环道路建设，以进一步提升城市的通达能力，让市民出行更快捷。实施开放大道西延、解放路南延、海润路南延、开放大道东段辅道等13项新建、提升道路工程。改造人民路、黄海路等老旧路，实现老城区道路改造全覆盖，接续交通路北延、双山路南延、北延等"断头路"，打开沿河路等"咽喉路",增加理想家园南侧路、发展路等支路网密度,精心打造幸福大道全景观城市主街道、建设大道全封闭快速通道,完成对县城所有人行道、辅道维修改造,形成畅通、便捷、高效的城市交通体系。

突破产业,重在通过转型升级形成高质量要素资源自我集聚的能力。产业的突破,既体现在产业结构上,也体现在产业项目质量上,还体现在产业链条的完善性上,甚至体现在产业的功能性上。近年来,射阳在提升基础设施水平和改善营商环境条件的前提下,围绕"项目强县"战略,紧扣"3+3"主导产业,以创新为引领,推动高端纺织、机械电子和健康食品三大传统产业转型升级,加快航空装备、新能源及其装备和新型建材三大新兴产业发展,走出一条招大引强、集群集聚、优势叠加的产业发展道路。

优化升级,传统产业"破茧成蝶"。射阳通过对高端纺织、健康食品和机械电子三大传统产业注入绿色科技因子,加速传统产业绿色化重构、生态化提升。纺织产业是射阳的传统产业,已转身成为中高端产业领跑者。现代高端纺织产业区已建成国家级绿色染整研发基地,吸引上海东华大学纺织品研究示范基地、南京大学印染废水处理研究基地等一批产学研平台落户,集聚上海题桥纺织等一批龙头企业。以射阳港健康食品产业园为依托,积极引进龙头企业和高端项目,打造健康食品产业链,力推健康食品产业成为全县重要支柱产业。一系列"重量级"项目成功落户,成为射阳健康食品产业发展新的增长点。同样,射阳机械电子产业发展也风生水起,瞄准智能终端、芯片研发制造、人工智能、汽车零部件制造,推动其向高附加值环节不断攀升。

创新发展,新兴产业"冉冉升起"。射阳把培育战略性新兴产业作为提升产业层级,推进经济转型发展的主攻方向,将新型建材、新能源及其装备、航空装备等产业作为切入点和突破口,集中优势资源,着力培育了一批特色鲜明、具有先发优势的特色产业集群。从稀到多,新型建材产业依托射阳港"点石成金",石材全产业链雏形初现。从小到大,新能源及其装备产业"风驰电掣",风电和光电产业齐头并进。从无到有,航空装备产业"振翅高飞",航空产业园集聚能力日渐提高。

助推共赢,产学研合作"水乳交融"。人才和创新能力是推动一个地区高质量发展的最主要因素。射阳以"3+3"主导产业发展需求为导向,集聚创新资源和创新人才,突出企业创新主体地位,实施知识产权、创新载体和研发机构建设等重点科技创新项目,推进企业"专利墙"建设,推动县域经济实现跨越式发展。当前的射阳,科技项目建设明显加快,而一项项核心技术的创新与应用,也正在让"射阳制造"迈向"射阳智造",对产业突破发挥重要的助推作用。

五 调整转型同步,筑实生态立县的产业基础

"生态立县"是射阳在新的发展阶段的既定战略,一个"立"字既勾勒出了射阳对"生态"的坚持,也道出了射阳对"生态"的诉求,即射阳不仅要坚持"生态",而且这一坚持还必须要达到"立县"的目标。"生态"是最低要求,"立县"才是最终目标,二者之间的空间却是巨大的,填充难度也是显而易见的,要使二者融二为一,既要求有战略自信,更要求付出艰辛努力。"生态"的保护或提升,在大多数情况下是需要付出代价的,要么减少发展强度甚至不发展,但这样又不能发挥生态"立县"的作用;要么是大发展,通过大发展来修复反哺"生态";"生态""立县"的目标可以通过二元的方式达到。然而,这两种情况,都不能说是真正意义的"生态立县",只有大发展不损害生态并且可以增益生态,而生态自身也能带来一定的效益,才可能是"生态立县"。后者通常是通过生态服务业如

旅游休闲产业的发展才能实现，只依托于此要求一个地区必须要具有足够优越的自然禀赋，而这对于绝大多数地区都是不可求的；前者则需要对产业进行精心选择，择取既能带来巨大经济效益但又不可以损害生态的技术或产业作为主导产业，可择技术或者产业的多少即其前景，将很大程度上决定其"生态立县"的可实现程度。当然，二者的兼而有之，也是一条可予以选择的道路，有助于提高"生态立县"的实现程度。

幸运的是，对于射阳而言，优越的自然禀赋和区位条件，在理论上完全可以满足其"生态立县"的战略要求。射阳地处黄海之滨，拥有109万亩滩涂、10多万亩芦苇基地、鸟飞鱼跃的迷人湿地风光，新兴产业和特色产业的发展空间广阔。由于土地和空间资源丰富，在对传统产业进行绿色改造的条件下，传统的主导产业仍然可以获得新的更强生命力。这也是为什么射阳敢于提出"生态立县"的战略，并在发展的道路上不忘初心坚持不懈。当然，这种坚持也获得了丰厚的回报，"生态立县"的产业基础初步夯筑成型。

按照生态建设规划要求，逐步实施"淘汰关闭一批、转型发展一批、外迁转移一批"计划，老旧工业企业全部"退城进区"，28家化工企业先后关闭，成为名副其实的"无化工企业县"。

推动工业化节能减排及产业性结构调整升级，引领全县加快发展。节能技改项目、清洁生产企业、结构减排、工程减排和管理减排项目逐年叠加，各项减排指标达到国家级生态县要求。工业园区的生态化改造不断提速，射阳经济开发区现已建成"省级生态工业园区"，盐城染整工业园区被评为"中国绿色染整研发生产基地"。

射阳抓住最能体现资源禀赋优势的航空装备、新能源及装备和新兴建材等3大新兴产业，培大做强，推动生态资源产业化。位于射阳经济区的航空科技城已初具雏形，依托通用机场，快速集聚航空产业，落户中澳佳宝航空等一批具有全球影响力的重大项目，射阳航空产业实现"无中生有"。用好沿海港口、风电资源，引进全球风电装备前3强企业——远景新能源，打造辐射全球的风电装备制造基地。石材产业从无到有，华东地区沿海独具特色石材加工园区石材产业链不断拉长，已有入驻企业32家。园区新材料产业向高档材料精品加工、高精纤维材料研发生产等高附加值方向发展。

绿色农业也是富民产业。射阳全县设施农业总面积21万亩，拥有百里渔业、循环农业和特种经济作物3条特色化农业示范带，其中药用菊花占全国一半以上，蟹苗产量占全国70%。新增成片林面积2.1万亩，特色经济林8000亩。

在拥有得天独厚的自然生态资源和丰富的文化底蕴的前提下，旅游业已然成为拉动射阳县域经济快速增长最具活力的绿色产业之一。射阳立足高起点规划、高标准设计、高效益运营，以"海风河韵、水绿生态"为主题，对旅游资源进行统筹规划、深度挖掘，走出了一条全域旅游与城乡统筹、产业融合、农旅融合的发展道路。2017年，全县累计接待游客200万人次，同比增长15%，游客人均消费达1000元以上。

当前，静脉产业园也已得到批准，正在筹建过程中。园区内将以静脉产业为主导，主要发展生活垃圾处置（不含生活垃圾焚烧）、餐厨垃圾、建筑垃圾综合利用及处置，一般工业固体废弃物及危险废物处置，固体废弃物回收利用等产业。静脉产业园将承担射阳废旧物品资源化的功能，并将其最大限度地处置再利用，一方面消除产业发展和城市发展对生态环境所带来的负面影响，另一方面通过发展循环经济形成新的经济增长点。

因为境内的丹顶鹤保护区，限制和禁止开发面积占全县面积25%，美丽"鹤乡"射阳，最开始走生态优先、绿色发展的新路其实是被"逼"出来的。但是，射阳被"逼"却非"无奈"，而是跳出原有区域局限和路径依赖，积极寻求集约发展、绿色增长的新路，最终通过妥善生态建设和产业发展的关系，探索出一条具有"生态+特色"的可持续发展新路。而且战略目标一旦确定，就坚决把生态作为发展的根本依托和最大优势，大力发展绿色生产力和绿色高端产业，培育壮大生态型经济，实现生态效益和富民效益的叠加双赢。当前，通过促进"生态产业化，产业生态化"，射阳的生态建设已经具有了坚实的产业基础。从被"逼"而动，到主动而为，射阳"生态立县"的道路越走越宽，"生态立县"的战略目标也越来越接近实现。

六　城乡深度融合，彰显新型城镇化的乡土色彩

乡村振兴已经成为国家战略，而城乡融合是乡村振兴的根本途径。实现城乡融合，需要做好城乡统一规划，消除现存过大的城乡差距，充分发挥乡村的比较优势，促进生产要素在城乡之间的双向自由流动，强化政策对乡村发展的正向激励作用。同时，城乡融合发展，也要防止乡村的过度城市化，还要保持乡村个性和乡土特色，"留得住乡愁"。

射阳深刻认识到乡村对县域经济发展的重要意义，乡村不能也不应成为经济社会发展的短板，反而也应该能够增益经济社会发展的特色，充分发挥对"生态立县""全域旅游""新型城镇化"的积极推动作用。因此，射阳牢牢把握城乡融合发展的方向，推动城乡公共服务的一体化，促进城乡要素资源的有机融合，彰显村镇建设的乡土特色，塑造风清气正、友爱互助的乡村文明，提升生态农业的绿色竞争力。

推动城乡道路实现"无缝对接"。在提升交通"主动脉"功能的同时，射阳大幅提升城乡道路"微循环"系统。农村公路是建设美丽乡村、实现乡村振兴的脱贫致富路。射阳大力实施农村公路提档升级工程"三年行动计划"，进一步优化"四好农

村路"建设方案，彻底解决农村断头路、连接线和宽路窄桥问题，使农村道路形成干线成格、支线成网、连线成环、环线成链的格局，并且乡镇之间是宽敞的柏油路，村组之间也基本通上水泥路。2018年将实现全县13个镇（区）镇村公交全面开通，开通率达100%。

让更多乡村学生享受到教育均衡成果。为了推进教育均衡化，射阳全面启动集团化办学，先后成立了以3所省级公办实验小学为龙头、镇中心小学和其他县直小学为成员的3个一级集团及以镇中心小学为龙头、村小为成员的20个二级集团。集团办学实行"四联四统一"，即资源联合、科研联手、信息联网、品牌联树，事业发展统一规划、教育教学统一安排、教研教改统一运作、教育资源统一共享，实现优质教育资源全辐射。同时，射阳还把实施薄弱学校改造和校舍安全工程作为教育改革发展的"重中之重"，连续多年纳入县委、县政府为民办实事项目之中，持续加大教育基础设施建设投入力度。当前，射阳城乡学校均衡发展，甚至出现学生"逆袭"回流的现象。

以美丽乡村建设推动了生态旅游。进入"新乡土时代"，射阳全力实施乡村振兴战略，打造一批产业发展好、生态环境好、乡风文明好、社会治理好、富民成效好的"五好"特色镇村。洋马"十里菊香"、特庸蚕桑小镇、兴桥天然氧吧、千秋阳河湾等乡村旅游形成一镇一品特色。射阳还着力提升集镇的生态品位，垃圾处理、污水处理、村庄美化、民居改造、厕所改造等一系列农村清洁工程和人居环境改善工程不断完善配套，在农村道路养护、河塘保洁、绿化养护、垃圾清运和公共设施维护方面，与城市环境实现同步保洁、同步管护和同步达标、同步长效的目标。射阳紧紧围绕"生态射阳"这一目标，借力优质自然资源和环境优势，打响乡村生态旅游品牌。2017年，射阳全县林木覆盖率达28.5%，全年空气优良天数321天，是全省空气质量优良天数最多的县。生态环境优势正转化为旅游发展优势,并获评"中国最美乡村旅游示范县",游客量突破190万人次。

树乡村文明之风打造宜居乐居环境。射阳高度重视农村治理工作,从农村"三资"管理、推进村会计异村任职和建立村级"小微权力"清单入手,推动基层正风反腐由治标向治本转变。通过扎实推动"三资管理+产权交易"监管、平台建设、清产核资、村级财务收支预算、村级资金非现金结算"五个全覆盖",将农村"三资"管住、管实、管牢、管严,达到提升农村治理水平的目的。村民的文明意识是美丽乡村的应有之义。随着康居工程、农村公路、森林村庄建设快速推进,河长制、湖长制、路长制全面落实,乡村不断呈现新面貌、新气象,村民的内心更加向善向美,群众文明意识也不断提升,开始自觉垃圾分类和垃圾入桶。没有文化的振兴,就没有乡村的振兴。射阳率先配备政府购买服务的专职村级宣传文化管理员,吸引一批文化人才扎根基层、服务群众。传承和发展民间特色文化,推动移风易俗、文明进步,为乡村振兴提供良好的发展环境。

农民富农业强铸就乡村振兴之魂。射阳在发展传统农业的基础上,将农业生产、休闲观光旅游、生态环境保护与美丽乡村建设紧密结合,围绕特色种养业,对农业结构进行调整。目前,射阳无公害、绿色、有机农产品品牌数量分别为301个、10个、12个,品牌总数居全国县级前列。"射阳大米""洋马菊花"获国家地理标志商标,"射阳大米"品牌价值达185.32亿元。循着稻花香,一大批粮油农产品加工龙头企业相继落户扎根,同时还形成茧丝绸、蔬菜保鲜、海淡水产品等16种深加工行业。射阳鼓励农户售卖土特产品,共享生态旅游产业发展红利,切实增加农民收益,着力形成吃、住、游、购"一条龙"的乡村生态旅游产业,促进乡村生态经济发展,让周边群众在家门口脱贫致富。射阳还将深化农业农村改革摆在重要位置,加大"压粮、减油、扩特经"力度,开展"三权"分置试点实践，发展农业产业化联合体，打造循环农业等高效农业示范带，促进农业提质增效。随着联耕联种种植方式的持续推进，农机装备有了更广阔的施展空间，射阳农业机械化装备增量全省第一，在现代农业产业园，现代农民也已经成为体面职业。

七 打破路径依赖，"无中生有"培育蓝色经济增长极

路径依赖是大多数地区经济社会发展的自然选择。但是，要打造更宏伟的发展格局，在较短时期实现跨越发展，突破路径依赖，摆脱路径约束，"无中生有"打造新的经济增长极则是一个地区的必要选择。当然，如果要摆脱路径依赖，"无中生有"塑造新的经济增长点，也需要前瞻眼光和精心谋划，才可能取得成功。这个"无中生有"，也并不是真的"无"中生有，而是必须具备一定的要素条件，而这些要素条件也决定了潜在的"有"。只有认识到这一点，并且努力做到精准识别、周密布置，新的经济增长极才可能得以成功打造。长期以来，射阳一直没有精准地定位主导产业，产业项目呈现"散、乱、小"特征，对射阳高质量发展已经起到严重制约作用。在新的发展阶段，射阳决意打破路径依赖，精心选择和打造新兴主导产业，"无中生有"培育蓝色经济增长极。

优势资源产业化，新能源及其装备制造产业"风光无限"。射阳风光电资源丰富，全年日照时间 2200 小时左右，风力平均有效功率密度每平方米 110—140 瓦。正是意识到风光资源带来的独特优势，以及新能源及其装备制造产业所具有的广阔前景，射阳果断将新能源及其装备制造产业确立为三大新兴主导产业之一，举全县之力予以优先推进。目标的明确性，执行的坚决性，战略的准确性，使射阳新能源及其装备制造产业获得迅速发展，产业集聚效应不断增强，区域甚至全国影响力也逐渐提

高。随着代表世界最先进科技的远景射阳智慧装备产业园落户射阳港经济开发区，新能源及其装备制造产业将成为射阳未来发展的重要增长引擎，并有打造成全世界绿色智慧发展示范区。同时，园区还以"高新"为主攻方向，以"亩均效益"论英雄，严把项目准入门槛，项目亩均投资强度必须达到330万元。

外引内联，放大港口效应新材料特色产业"点石成金"。射阳位于江苏沿海正中心，承南启北、通江达海，腹地广阔。但是，长期以来，这种优越地理区位并没有对经济发展起到应有的推动作用，甚至历史上曾经一度辉煌的射阳港也陷入无货可运的尴尬境地。在新的发展时期，射阳摒弃"先有鸡还是先有蛋"的无谓争论，充分发挥港口优势，决定着力发展石材等新型材料产业，打造世界新型石材采集和工艺加工中心。尽管境内没有一座山，射阳却向着打造华东地区石材产业"航母"的目标奋力前行，并规划建设了石材产业园。射阳港经济开发区石材产业园拥有3公里射阳河岸线，规划建设荒料集散、石材加工、精品展示、石材市场、仓储物流、创意研发等石材产业链系列业态，致力打造华东乃至全国高档石材产业战略总部、研发设计中心，并发展成为影响国内石材格局的全新驱动力量。射阳坚定做大新材料特色产业信心，大力引进行业龙头企业和产业链上下游配套项目，贯彻全产业链思路，全面加大新材料产业培植力度，并初步形成项目集聚、链式发展的良好态势。

抢抓政策机遇，从无到有航空装备产业"振翅高飞"。射阳积极抢抓空域管理改革和低空空域开放步伐加快的机遇，申办省"十三五"开局之年第一个2B级仪表导航通用机场，作为江苏省级重点工程列入江苏省"十三五"规划纲要。目前，射阳通用机场正式获得民航华东地区管理局颁发的通用机场使用许可证成为华东地区首个A1类仪表导航机场，将主要用于飞机制造、组装维修、抢险救护、海事救援、气象探测、飞行培训、观光旅游、航空物流等。正是认识到通用航空产业发展将迎来历史机遇期，以及省级通用机场可能带来的产业催化作用，射阳果断决定发展航空装备产业，并规划建设航空装备产业园，不少高特尖精的大企业已强势入园。富翔轻航机及军用无人机项目拥有世界领先技术，主要生产德国技术的双人座单翼超轻型飞机，其性能超过目前世界第一的美国塞斯纳152型飞机；宇鹏飞机消声器及军用伪装器材项目由国家级高新技术企业上海炬通集团投资兴建，与空军医学研究院共同研发的飞机消声器已通过新产品认证。除此之外，深蓝、中澳等整机项目，佳宝、飞奥等发动机项目，阳丰、万户等无人机项目……2018年，航空产业园已聚集近30个项目，可实现百亿元产值，成为推动航空装备产业实现"从无到有"跨越式发展的新鲜血液和中坚力量。

客观地说，射阳三大新兴主导产业都与海洋有着直接或间接的关系。临海却又有较长的海岸线和大片的滩涂，才使射阳拥有了丰富的风光资源；即使通用机场的批准建设，一定程度上也得益于射阳能够满足通用航空对海上气象探测、海事救援以及人少地广的沿海飞行空间的需求；石材产业园的建设，更是离不开其通江达海的优越通航条件。这些新兴主导产业都是射阳最初所没有或者不成规模的，历届政府也没有勇气将其确定为新的主导产业予以重点发展形成突破。充分认识到射阳这些海洋性资源独特优势的难以替代，以及相关产业发展的广阔前景，射阳新一届政府果断摆脱路径依赖，抢抓机遇，重点突破，终于使三大新兴主导产业走上快速发展之路，蓝色经济增长极初步培育成功。尽管这些主导产业的确立，都与海洋有联系，属于沿海开发的范畴，但是在具体操作的方式和时机上，则不一而足。有的产业是依赖于既有的资源，有的产业是利用已有的条件，有的产业则是抢抓忽至的机遇，这表明主导产业的选择，既需要决策者有系统化思维的视野，又要有对规律性把握的能力。

八　聚焦民本民生，持续提升城乡精细化管理水平

民生是区域发展应关注的首要问题，不过能否真的解决民生问题，让人们过上健康、快乐和幸福的生活，在很大程度上取决于一个地区是否能够做到以民为本，时刻将人民的利益和关怀放在施政的第一位置。城乡的管理水平将对民生状况产生直接影响。射阳不仅高度重视城乡建设，而且非常重视城乡管理，重点在精致建设、精细管理、精品成果上下功夫不断提高城市精细化管理的水平，以此作为改善民生的重要途径。

着力打造城市靓丽环境。一是提升城市环境卫生。环卫服务全面体现精准化、精确化和精细化服务水平，推进"白+黑"24小时作业制；在严格推行人工清扫的基础上，充分利用环卫作业一体化扫路车进行全方位、全天候洗扫作业，机械化作业率达85%以上；以"减量化、资源化、无害化"为总目标，打造"三个三"垃圾分类新模式（即三分：分类投放、分类运输、分类处置；三变：变被动为主动、变废物为宝物、变短板为样板；三到位：宣传到位、设施到位、服务到位），推进垃圾不落地工程、城市无裸露垃圾桶，逐步推进垃圾分类收集和综合利用，不断提升城市宜居生活品质。二是整顿和加强市容秩序。全面推进"721"工作法，深入抓好街面保序检查考核工作，实行城管、住建、市场监管等职能部门开展联合执法，有效维护城市市容秩序；对县城"四横九纵"主干道区域户外广告、店招标牌进行专项整治，规范和强制拆除店牌店招及各类违章广告牌，改变户外广告设置"杂、滥、差"的现象。三是着力推动城市亮化美化工程。以"文化+亮化"为载体，将城市亮化与海滨有爱小城有机结合，打造幸福大道全景式亮化、时光隧道等一批标志性亮化工程；对解放路、晨光路等沿线120幢楼

宇实现亮化全覆盖，做到夜景景观既各自成景，又浑然一体，全面提升新老城区夜景档次；以"文化+文明"为主题，对县城"三横四纵三节点"道路的落地灯箱、灯杆灯箱进行打造，使文化与亮化相映生辉、相得益彰；对步行街、滨湖公园、幸福大道以及振阳桥、朝阳桥、双拥桥等节点进行亮化提升，以动态、立体、三维等亮化风格，增强了城市活力，提升了城市品位。

持续提升城市惠民功能。一是在全国首倡"厕所革命"。仅2017年，射阳就在县城范围内新建、改建105座国家一类标准公共卫生间，采用"一图到底"的园林式设计风格，并配套了环卫工人安康驿站、第三卫生间，实现24小时全天候开放服务，成为城市最文明、最清洁、最便民的基础设施。同时，"厕所革命"还向乡村延伸。二是改善医疗养老条件。着力打造苏北一流的养老服务中心，融入智能化元素，配套老年大学、培训中心等配套设施，为老人提供更优质贴心服务。推动三级医院标准的新城区人民医院和妇幼保健院的开工建设，并挂牌江北首家心脏病学陈义汉院士工作站、江苏首家国医大师石学敏院士工作站，签约10个名医工作室。三是建设书香射阳。以阅读阵地建设为抓手，推行图书馆总分馆制，全县15个镇（区）全部建起了图书馆分馆，村村建有达标的图书室，构建起县图书总馆、镇（区）图书分馆、村（居）农家书屋三级联动的全民阅读阵地网络。积极鼓励动员全县企事业单位、社会组织开展阅读推广服务的同时，持续推进全县"职工书屋"建设。2018年6月底，全县已建成国家级"职工书屋"3家、省级"职工书屋"5家、市级"职工书屋"25家，并挂牌成立全民阅读志愿服务站9个，授旗全民阅读志愿服务队3支。

倾心完善民生救助体系。射阳在全省率先实行"一全员四托底"民生救助办法，聚力实现幼有所育、学有所教、劳有所得、病有所医、老有所养、住有所居、弱有所扶。"一全员"指实施全民健康体检工程;"四托底"指对困境儿童和学生从出生到大学毕业前的生活、学习费用实行财政全额托底,对患重大疾病弱势群体实行全额免费托底,对生活困难群众实行春节、中秋等重大节日慰问托底,对危旧房特困户实行住房保障托底。射阳依托县镇村三级救助和全县 3689 个党员群众服务网格,构建起"纵向到底、横向到边"的贫困对象主动发现机制,对弱势群体建立一户(人)一档,实行动态管理,变"大水漫灌"为"精准滴灌"。为切实解决群众因病因残致贫返贫问题,射阳将贫困对象在门诊政策范围内的费用,经医保报销后的个人自负部分纳入医疗托底救助,对特困对象实行重大疾病免费检查、慢性病免费供药。

不断探索高效便民服务方式。开启城市管理智能化时代,通过"数字化＋精致化",使城市变得更智慧。数字化城管系统以人员和信息平台相结合的无缝隙化工作模式,实现城市的全面化、动态化管理。从过去单纯的治理垃圾清理、占道经营等市容问题,扩展到现在园林绿化、公共设施、车辆乱停乱放及突发事件等 84 种 125625 个事部件,城市管理范围得到全面拓展。"数字城管"建成运行以来,已形成了一个"案件发现—立案派遣—及时处置—核实结案—考核评价"的完整数字化、标准化链条。同时,城管局还编制实施驻行政审批中心城管窗口管理标准手册,城管审批窗口被评为全县 2017 年度"红旗窗口";12319 城管热线系统平台受理市民群众的各类投诉,反馈率、办结率均 100%,综合处置满意率 98.59%。通过推动"文化城市、记忆城市、全员管理城市",射阳城市人居环境、城市形象、城市品位,已得到了全面提升。

九 借力国有资本,激发城市经营财政增收潜力

在城镇化迅速推进的时期,城市经营对于一个地区财政增

收至关重要。城市经营绝不是人们通常所理解的单纯的土地整理和房地产开发，而是基于城市规划布局、空间格局、功能分类等综合考量下的城市机理塑造，科学的城市经营不仅不会危害城市功能的提升；相反，它可以在激发财政增收潜力的同时，提高城市的品质，增益城市的内涵。

国有经济是中国经济社会建设的主导力量。但是，由于存在较为严重的委托—代理问题，国有企业的经营效率一直饱受争议，某些地方甚至将市场化程度作为社会主义市场经济体系完善程度的评判标准，国有资本的地位受到削弱。然而，对于一个城镇化还在快速推进中的地区而言，政府规划主导的基础设施和公共设施投资项目都很多，推动这些投资项目靠的是政府的规划和资金统筹能力，并不过多依赖基于个体自由的技术创新，如果对国有企业的监管到位，产权和治理结构能够构建合理，国有资本将能充分发挥其主导作用，不仅能够更加顺利地推动项目的实施，而且也可以获得较为丰厚的利润充实国有资本经营预算收入，夯实地方经济社会发展的财政基础。

既然科学的城市经营具有激发财政增收的潜力，而国有资本又具有动员和统筹资金利用、项目建设的能力，二者的结合，是否可以更好地在壮大国有资本的同时实现财政的实际增收呢？射阳在这方面率先做出了大胆有益的可贵探索，借力城市经营，抓大放小，组建国有企业集团，充分发挥国有资本的主导作用，推动财政收入保持持续高速增长，夯实了射阳绿色发展和高质量发展的财政基础。

推动资源整合重组，增强国有经济竞争力。2014年年底，射阳正式启动县属国有企业改革。射阳侧重从政府平台公司重组整合、经营困难企业重组和破产，以及机关事业单位所属企业清理整合三个方面分类推进改革工作。按照资源相近、业务相关、管理协同的原则，围绕基础设施建设、战略性新兴产业、沿海开发等领域，通过资源业务划拨、资产债务整合等方式，对现有县属政府平台公司进行整合。城建集团等少数平台公司重组为以承担政府项目投资建设为主的功能类企业。其他平台公司，加快转型升级和实体化、市场化改造，打造功能业务清晰、产业主业突出的市场竞争主体。加快推进平台公司股权多元化改革，鼓励非公有制企业参与平台公司重组改制和项目合作。通过这次改革，破产甩掉了一批包袱，改制搞活了一批企业，最主要的是整合重组了五大国有公司，后来又增加至六大国有公司。正是这六大国有公司，在射阳未来的经济社会发展中发挥了重大主导作用。

加强引导和监管，推动平台公司壮大发展。坚持多元化发展。鼓励国有企业参与市场经营，对国有企业民生实事工程贷款按照当年投资额进行财政贴息奖补。坚持市场化运作。明确城建集团、国投集团、三维交通集团等"六大"不同类型的国有公司功能及市场定位，落实六项考核指标，把国有企业锻造成有竞争力的独立市场主体。坚持分类化监管。对不同类型的国有企业实行分类监管和差别考核，试行委派监事制度，推进重点指标、重大事项跟踪；制定《国有企业担保管理暂行办法》，严格防范企业融资担保、抵押风险，提高风险预警能力，坚持统筹化推进。

深度参与城市经营，不断激发财政增收潜力。射阳坚持科学经营城市的理念，加大城市土地招商力度，有序推进房地产开发，完善县城综合性、专业性商业规划，精心打造金融商贸、餐饮住宿、休闲娱乐等商业综合体和特色街区；加大棚改安置和住房保障货币化力度，畅通农民市民化通道；大力推动绿化道路、机场、养老医疗机构建设等。与此同时，明确"六大"国有公司参与城市经营和市场竞争的类别，城建集团主要参与书香门第建设，三维交通集团主要参与机场建设、县镇道路提档升级等项目建设；国投集团主要参与代建县养老中心、新城区人民医院等民生实事工程以及新能源、粮食物流等项目建设；

建投公司主要参与市政道路和绿化；水投公司主要参与水利设施建设；丹鹤旅游公司主要参与大尖岛项目建设。在此统筹安排下，射阳的城市经营收入达到38.6亿元，六大国有实业公司资产和所有者权益也步入倍增轨道。六大国有实业公司最初组建时，注册资金只有50多亿元；截至2016年，六大国有实业公司已实现资产总额211.82亿元，所有者权益113.29亿元，主营业务收入48.79亿元，利润2.33亿元、税收1.56亿元，投资总额41.82亿元。2017年，六大国有公司增值速度进一步加快，实现资产总额达到315亿元，主营业务收入近100亿元。

国有资本和城市经营相结合，使射阳迅速摆脱了财政资金和项目支出捉襟见肘的困境。城市经营收入一部分转化为当期的真实财政收入以供时需，另一部分则以国有实业公司增值的形式留存下来，并在城镇化基本结束时通过股权转让等形式转作其他用途，有效地应对未来经济形势变化可能带来的财政困境。其中，注重城市经营的科学性和国有资本的有效管理，是城市经营和国有资本完美结合的重要保障，而任何盲目推进城市经营、缺乏对国有资本有效管理的决策或行为，则可能走向相反的道路。例如，当前很多地方平台债台高筑，危机四伏，同时城市规划混乱，建设开发过度，就是没有妥善处理城市经营和国有资本的关系，从而走向相反道路的明证。

十　笃行改革创新，不断增强经济发展内生动能

改革创新是一个地区不断提高竞争力、增强经济发展内生动能的根本保障。改革创新不仅是一种行动，更是一种精神，从这一点来说，改革创新没有止境，至少时刻都要有改革创新的思维和准备。射阳作为一个后发优势深厚的地区，在许多体制机制方面，或者落后于一些先发地区，或者缺少这方面的积累和实践，不改革僵化或者过时的一些体制机制，不创造新的

增长点，要实现竞争力的不断提升和经济社会的全面赶超，是非常困难的。因此，射阳从解放干部群众思想着手，凝聚改革共识，认清创新大势，结合中央全面深化改革和供给侧结构性改革的要求，在各个领域笃行改革创新，从而使其成为带动经济发展的强大引擎，使经济发展动能不断增强。

深化国资国企改革，完善现代企业制度。坚持多元化发展，设立财政扶持国有企业发展专项奖补（引导）资金，鼓励国有企业参与市场经营，对国有企业民生实事工程贷款按照当年投资额进行财政贴息奖补；对国有企业资本金收益全部用于国企项目和产业发展，支持发展混合所有制经济，构建相互促进、共同发展的新格局。坚持市场化运作，明确城建集团、国投集团、三维交通集团等"六大"不同类型的国有公司功能及市场定位，落实"六大"国有公司资产、所有者权益、主营业务收入、利润、税收、投资总额6项指标任务，引导国有公司按照市场规律和企业发展规律运行，把国有企业锻造成有竞争力的独立市场主体。坚持分类化监管，对不同类型的国有企业实行分类监管和差别考核，试行委派监事制度，指导企业加强内部财务监督管理，完善内部控制制度，推进重点指标、重大事项跟踪，严格防范企业融资担保、抵押风险，督促国有企业严格执行法律法规制度和实行单独核算；完善"三重一大"决策制度。

深化行政审批改革，转变政府服务职能。射阳县大力推进以"不见面"审批为重点的"放管服"改革。"注册登记全程电子化"在全市推广。进一步深化商事登记制度改革、营造良好市场准入环境、高效便捷服务经济社会发展，试点开展的"注册登记全程电子化"，实现了无纸质申请材料，提高了办事效率；"射阳经验"在全市召开的"注册登记全程电子化"启动仪式上得到推广。在全省首家实行审批结果快递送达费用政府埋单，从而实现群众办件足不出户轻松办理。在全国首创

"无人政务服务"新概念,24小时"无人政务大厅"2018年年底前将实现县镇区全覆盖。大力推广"互联网+政务服务",在全国首家建成政务服务智能知识库。知识库以提问的形式梳理设计7000多条知识点,可扩充数据达5.5万条,并全面并入全省"一张网"运营。同时,梳理出全县政务服务权力清单1226项,其中"不见面"事项达1186项。在全省率先实现政务服务全媒体"一号答",构建"全覆盖、全媒体、全天候、全视界"的"四全"服务模式,打通12345民生诉求和政务服务端口,不断增强政务服务"一张网"功能;并积极调研"一张网"向镇村延伸工作。在盐城市开设首家政务服务网上旗舰店,提供电子证照上传量、旗舰店访问量、网上申报量、12345数据实时归集和EMS有效服务。

深化农业农村改革,助力乡村振兴。射阳不断加大"压粮、减油、扩特经"力度,开展"三权"分置试点实践,发展农业产业化联合体,推进联耕联种,打造循环农业等高效农业示范带,促进农业提质增效。2017年,射阳新发展特经作物22万亩,并全部落实到地块。配合"三权"分置改革,射阳实现了镇级农村产权交易服务站全覆盖,建成的县产权交易中心跻身苏北一流县级交易场所行列;同时,积极盘活农村闲置资源,促进县镇交易行为按照"市场化、信息化、公开化、规范化、制度化"的要求,不断推进农村集体"三资"管理创新。大力培植农业龙头企业、种养大户、农民专业合作社等新型经营主体。2017年全县新增30亩以上的农业结构调整经营主体149个,省级农业产业化龙头企业达14家,新发展家庭农场75个。随着联耕联种种植方式的持续推进,农机装备也有了更广阔的施展空间。2017年,射阳农业机械化装备增量全省第一,凤凰现代农业园、鹤乡菊海现代农业产业园被认定为省智能农业示范园区,并依靠园区这一载体,射阳培育出一大批新型职业农民。

改善金融生态环境，深化投融资改革。射阳将提升金融生态环境、净化社会信用环境作为推进投融资活动的重要途径。截至2017年9月，射阳关停389家涉金类非金融组织，对涉金类非金融组织实行"网格化"常态监管。推进社会信用环境建设，建立企业信用档案2683份，农户信用档案16.73万份，开展农村"信用户、村、镇"评定工作，共评出信用户152260户。在金融生态环境明显改善的情况下，不良贷款也得到妥善处置，贷款不良率由2013年高峰期的3.87%稳步下降至2017年7月底的1.96%。深入推动政银企合作，打造政企合作示范区。在2017年成功组织"1120"投资说明会，17家市级金融机构签约银企合作项目20个，融资总额84.6亿元，银团综合授信超200亿元。推动村级债务成功化解。通过盘活资产、清收债权、降息还本、推动土地流转和组建"13+2"镇级国有公司托管等方式，成功化解村级债务，并建立了不再新增负债的长效机制。

第八章　改革创新：射阳绿色发展的典型做法

一　城市经营：夯实地方发展的财政基础

近年来，射阳各个方面都发生着积极而深刻的变化：2017年，一般公共预算收入增幅列江苏省第一位、税收比重列盐城市第一位，地区生产总值突破500亿元、全口径可用财力达94.5亿元；首次全市综合考核一等奖、蝉联市综合考核三年先进；财政工作连续两次获苏北唯一的省财政综合考核一等奖，并于2017年被评为财政管理先进典型市县而获得了财政部2000万元的红包奖励；以"生态+"优势成功入选全国县域经济百强县；以"六优"营商环境入选全国营商价值十佳城市；荣获江苏省文明城市称号……一串串闪光的数据，一封封喜人的捷报，背后是地方财政的坚强保障。

射阳通过突出财源培植，注重精准扶持，强化收入组织，加大财力保障，狠抓精细管理，使财政综合实力不断提高，为供给侧结构性改革、民生保障和改善，以及经济社会发展提供了有力的财政支撑。其中，城市经营是射阳培植财源的重要渠道。但是，不同于其他城市，射阳城市经营绝不是简单的房地产开发，而是将城市规划建设、城市功能培育和城市经济发展有机结合，一方面借此提高城市品质内涵，另一方面获取相应的财政收益，并反过来助力射阳的城镇化建设。

一是突出规划引领,建设"三高"新港城。一是推进高品位设计。以全新的高度和国际化的视野,打造湖城互动、独具魅力的新港城。二是打造高层次建筑。重点以千鹤湖公园为轴心,以安徒生童话乐园、爱琴海购物中心、红星美凯龙家居广场、韩文化体验中心、汉韵文化体验中心、国际学校等重大项目为龙头,打造欧洲风情一条街、韩风国际城核心商圈等,对建筑风格、色彩、材质等仔细推敲,切实提升城市"高度"。三是坚持高质量建设。通过引进中建、恒大、碧桂园等知名品牌企业,引入先进的建筑管理理念,推出一批体现现代风貌、融入射阳文化底蕴的高质量城市精品工程。

二是突出民生保障,打造十大城市组团。坚持城市组团发展理念,强化和完善城市组团功能,在突出城市组团特色的同时,配套建设完备的教育、医疗和交通项目,使每个城市组团都成为一个相对独立的功能区和生活区,坚决避免组团功能强化而民生弱化问题的发生。这十大城市组团包括健康养老组团、新型医疗组团、金贸大街组团、品牌教育组团、现代商务组团、文化生活组团、综合商业组团、体育服务组团、农副贸易组团和特色工贸组团。组团式发展模式保证了每个功能区都享有完善的教育、交通、商业等生活配套服务,促使城市各片区早日趋向成熟,从而显著提升城市空间的内在价值,并最终有效实现土地整理开发收益。

三是突出资源有效开发,科学培育土地市场。加大城市资源资产的开发利用力度,充分挖掘市场潜力,科学推进组团开发。首先,提升城市资源开发综合效益。学习借鉴大中城市开发的成功经验,实行城市土地相对集中的连片开发,提高配套基础设施的投资效益。实施集中成片棚户区和城中村改造。其次,优化土地市场供应方式和结构。强化对土地市场的动态监测,适时适度进行调控,切实把握土地出让时序、节奏和总量。再次,加大城市资源招商开发力度。有计划地实行精准招商,重点向商业综合体、主题文旅项目、金融会展项目倾斜。城市开发中坚持保护传统与协调创新相结合，对老城区进行保护性开放，打造以淮剧大剧院为中心的便民特色文化街区。

四是突出城市治理服务，营造宜居环境。实施"三治三化三提升"（水环境治理、棚户区治理、违法建设治理，城市绿化、亮化、美化，智慧交通提升、智慧城管提升、城市文化提升）专项行动，强势推进十大工程治理服务（店招店牌规范化、黑臭水体整治、生活垃圾分类处置、智慧交通提升、道路维修改造、停车便利化、城市绿化提升、书香城市建设、棚户区和老旧小区改造、社区服务阵地达标），加快建设高清临港新城区。保证市民能够呼吸到清新的空气、感受到清澈的河水、看到清晰的灯光和享有清洁的环境。

五是突出城市经济发展，营造宜商环境。首先，以特色为取向，重点围绕现代商贸、金融科技、文旅产业、电子商务和楼宇经济，发展壮大城市开放型经济。其次，以人才为引领，聚合人才资源，建立创新机制，激发创造活力，培育城市智慧型经济。再次，以绿色为主题，提升城市绿化景观，推进城市水体整治，健全绿色循环体系，致力打造城市生态型经济。最后，以为民为宗旨，着力完善城市功能配套努力，推进城市就业创业，倾力推进城市民生类经济。

城市经营不仅使射阳城市规划建设取得了令人侧目的成就，而且土地市场和项目开发也为地方财政开辟了丰裕的财源。表8—1描述了2014—2017年盐城九个县（市、区）政府性基金收入的变化情况。从表中不难看出，射阳政府基金收入规模从2014年的最后一位上升到2017年的第一位，达到32.95亿元，其中主要就是城市经营收入。射阳城市功能的完善和财力的增长，充分展示了射阳经营城市的卓越能力。

表 8—1　　2014—2017 年射阳政府性基金变化情况　　单位：亿元

	政府性基金收入			
	2014 年	2015 年	2016 年	2017 年
亭湖区	7.55	3.93	11.49	23.24
盐都区	20.65	23.70	17.78	9.59
大丰区	17.38	17.52	18.09	14.34
响水县	7.95	9.24	8.32	4.32
滨海县	9.22	10.36	11.72	12.09
阜宁县	10.36	10.69	12.11	13.21
射阳县	7.03	8.41	9.74	32.95
建湖县	10.89	9.87	10.24	24.48
东台县	14.96	18.89	18.60	13.13

数据来源：根据江苏省预决算公开统一平台各县（市、区）有关数据整理。

二　"一全员四托底"：扶贫攻坚的破解之道

近年来，射阳坚持抓重点、补短板、强弱项，努力让发展更有温度、幸福更有质感，在江苏省率先实行"一全员四托底"（全民健康体检、困境儿童和困境在校大学生生活学习费用托底、医疗救助托底、住房保障托底和困难群众节日生活托底），实现了学有所教、病有所医、老有所养、住有所居。通过深入调研和全面统计，射阳县共有困境儿童和困境在校大学生、特困供养、城乡低保、重点优抚对象、特困职工、重残、建档立卡扶贫对象等 8 类困难群体约 7 万人，占总人口的 7.3%。为了保障这部分困难群众的基本生活，让他们在建设全面小康的路上不掉队，2016 年至 2018 年 6 月，全县托底救助人口达 75054 人，财政安排资金 3.08 亿元，探索出了一条深度扶贫的新路子，实现了"让穷人过上好日子"的阶段目标，并在 2017 年 10 月开始推行全员免费体检，极大地提升了全县人民的幸福度、满意度。

健康奔小康，未病先预防——全民健康体检。"没有全民健康，就没有全面小康"。为了切实解决因病因残致贫返贫的问题，补齐民生短板，自2017年10月以来，有20家医疗机构加入全民健康体检阵营，投入1.5亿元专项资金，将体检过程中的医疗托底救助关口前移，实现医疗救助与体检工作的高效联动，稳步推进全民健康体检工程，预计2018年年底全部完成，做到疾病早发现、早诊断、早治疗。全县已累计体检37.47万人，共筛查出高血压、糖尿病、心肌梗死、肝硬化、胆囊结石等各类疾病两万例，及时服务患病群众，极大降低后期治疗费用。

同一片蓝天，同一个梦想——教育托底。自2015年8月起，射阳对全县贫困儿童和学生从出生到大学毕业生活学习费用实行财政全额托底，除了将省定的孤儿、监护人监护缺失的儿童、监护人无力履行监护职责的儿童、重残重病及流浪儿童等纳入保障体系，还将低保家庭中从儿童到在校大学生都纳入保障对象。"两困"对象分类保障实施以来，共救助3442人，支出救助金额3696万元。

无钱亦治病，因病不返贫——医疗托底。射阳在全省率先实施医疗托底救助政策，对患病支出医疗费用额度较大，超出家庭承受能力，导致家庭生活困难的城乡居民给予"托底线、救急难、可持续"的医疗托底救助。自医疗托底救助实施以来，医疗托底救助23.33万人次，支出救助金额11173万元。

万家团圆日，天下无寒人——节日托底。每年的中秋节、春节，射阳都会广泛开展节日慰问，慰问帮扶特殊特困群体，重点做好贫困户、贫困残疾人、困难老党员、困境儿童和困境大学生、困难职工等各类困难群体慰问工作；同时突出特殊群体，重点做好老红军、优抚对象、困难企业军转干等人员的慰问工作。自节日生活托底救助实施以来，共救助2.48万户次，支出金额 2401.57 万元。

广厦千万间，百姓俱欢颜——康居托底。2016 年 6 月 23 日，射阳遭遇特大龙卷风灾害袭击，在灾后重建过程中，县委县政府高度重视农村危旧房改造，特别是对无房可居、无力建房的特困户实行托底救助。在推进康居工程建设过程中，通过逐户调查核实，确定托底对象。根据不同的人口结构，在托底户相近的集中居住点建设安置房。房屋建设资金县财政承担 90%，所在镇承担 10%。住房保障托底实施以来，已救助 651 户，支出救助金额 3770.5 万元。

射阳在深度推进"四个托底"的同时，还多管齐下，实施就业、产业扶贫，对具有一定劳动能力的贫困人口，引导他们从事剪纸、农民画、芦苇编织等有传承特色、技术含量低、易学易会、收入稳定的工作；对完全丧失劳动能力的家庭，以企业赞助、社会救助、结对帮扶方式，保障每年有固定收入；对因多种原因致贫、有劳动能力无就业岗位的贫困人口进行岗位培训，建立挂钩帮扶就业制度，每年提供一定比例的照顾性岗位帮助就业，实现自主脱贫。同时加大公共设施工程建设，实施公交到镇进村计划，大力改善贫困地区的交通基础设施状况。

射阳"一全员四托底"最大的特点，就是实现了民生保障工作的法治化，成功构建了民生事业发展的长效机制。射阳先后出台了《射阳县医疗托底救助办法（试行）》和《射阳县医疗托底救助办法（试行）实施细则》等"四个托底"方面的文件，对救助对象、救助方式与救助程序、责任与监督等方面进行规范，从申请、初审、审核、公示、救助环节进行细化，从家庭收入变化动态管理进行跟踪监督，保障"四个托底"工作全过程法治化运行。同时，通过健全"四个托底"困难群众台账、完善信息电子数据库、实施救助对象动态管理和建立社会救助综合管理平台，构建了民生保障的长效机制，彻底改变了困难救助工作的临时性、随意性，从制度上保障了该县各类困难群体"学有所教、病有所医、老有所养、住有所居"。

射阳"一全员四托底"带给我们许多深刻的启示。它践行了社会发展成果与人民共享，特别是与特困群众共享的理念，保障了全县各类困难群体"老有颐养、幼有优教、病有良医、弱有所助"，织牢了民生保障"网底"，切实增强了全县困难群众的满意度、幸福感。"一全员四托底"探索了基层精准、深度扶贫的新路子，密切了党和群众的血肉联系，并加快了全面小康建设的进程。

三 全域旅游：绿色发展开启新征程

丹顶鹤保护区坐落射阳境内，不仅使全县限制和禁止开发的"生态红线"面积达到全域面积的25%，而且其他区域开发的环保条件也十分苛刻。射阳通过重新审视，努力探索找到一条发挥自身优势、扬己之长的绿色发展之路，把生态作为发展的根本依托和最大优势，大力发展绿色生产力和绿色高端产业，培育壮大生态型经济，实现生态效益和富民效益的"叠加双赢"。通过制度保障，推动严格考评，初步构建起包括科学决策、市场运作、考核审计、公众参与在内的生态文明制度体系。通过坚定信念，推动产业转型，工业化节能减排及产业性结构调整持续升级，工业园区的生态化改造不断提速。通过坚持初心，推动绿色共享，构建起了企业内部"小循环"、园区工业"中循环"和经济社会"大循环"的循环经济空间格局。这些绿色发展措施把"射阳蓝""射阳绿""射阳美"全面融入了新时代城乡经济与社会发展的新常态。同时，这些绿色发展成果也为射阳生态产业化，实现生态强县、反哺富民的目标，奠定了坚实的生态基础。当前，射阳以全域旅游为引领，开始迈向绿色发展的新征程依托得天独厚的自然生态资源和地方特色优势，走出一条全域旅游与城乡统筹、产业融合、农旅融合的发展道路，旅游业已成为拉动县域经济快速增长最具活力的产业之一。

（一）全域旅游，探索绿色发展新路径

射阳高度重视全域旅游的高起点规划、高标准设计、高效益运营。射阳按照"一核两带五片区"的总体布局，全面编制提升《射阳县全域旅游发展规划》。同时，聘请国内外知名设计单位和专家对规划把脉、会诊，有效提升规划的科学性和指导性。在《射阳县全域旅游发展规划》的总体框架内，围绕"一核（日月岛）、两带（射阳河滨河风光带、临海高等级公路景观带）、五片区（生态观光片区、文化休闲片区、渔港风情片区、宗教养生片区、湿地保护片区）"的布局要求，射阳又全面启动多个具体规划。同时，针对全县15个镇区的不同实际，分别制定旅游规划，串联五龙口休闲旅游区、特庸桑乐小镇、千秋阳河湾生态旅游区、海河"四季果香"现代农业休闲园、黄沙港渔文化旅游区等重点乡村旅游景区，把旅游与镇区特色有效结合，带动广大群众增收致富，实现经济效益、社会效益和生态效益同步提升。

（二）持续发力，创塑多元化旅游品牌

重点打造生态旅游。射阳重抓总投资202亿元的日月岛生态旅游区建设，突出造景、造形、造势，打造环岛绿廊、万亩彩色林及沿湖系列节点景观；不断提升洋马十里菊香景区建设品质，在千个品种、万亩菊花竞相开放的同时，推动中药文化广场、药膳馆、中医养生体验区等特色景点的建设；千秋阳河湾生态休闲旅游区玫瑰花园、水上乐园等初具规模，听涛小院、扳罾乐园等项目施工过半；海河"四季果香"现代农业休闲园正加快推进。

加快开发城市旅游。继建成投运600亩千鹤湖公园之后，

射阳又进一步建设总投资 12 亿元的安徒生童话乐园，重点开发安徒生城堡、美人鱼港湾等主题景点，预计 2019 年 1 月投入试运营，成为国内第二家安徒生童话乐园。同时，爱琴海购物中心即将开建，铜锣湾广场等文旅项目正在洽谈，项目的建成不仅满足人民群众对美好生活向往的现实需要，更将提升射阳城市的品位和高度。

加快建设森林旅游。射阳通过县旅投公司自主经营、国有公司联合经营、镇区合作经营的模式，重点打造沿海 10 万亩成片林、盐射高速两侧两万亩成片林、南部新城万亩成片林三大森林景区，积极探索把森林建设和旅游开发有机融合的新模式。

（三）精心打造，叫响特色发展新名片

"射阳，一个真实的故事，一座有爱的小城"的品牌形象早已深入人心。射阳仍在不断探索，立足地域特色，突出节庆营销，开发特色产品，创塑旅游品牌，不断扩大品牌价值，提升品牌影响力，致力叫响一张张旅游新"名片"。

全力叫响旅游节庆名片。充分发挥丹顶鹤文化艺术节、息心寺万佛文化节等重点活动的宣传效应，突出乡村旅游的集聚作用，成功举办首届春季乡村旅游季暨"千鹤湖与您邂逅风车"活动，开办十里菊香文化艺术节、千秋"秋千节"、黄沙港灯光艺术节、首届海鲜菜烹饪技能大赛等乡村旅游活动。并邀请央视、江苏卫视等新闻媒体连续宣传报道，切实提高了射阳旅游知名度和美誉度。

着力叫响旅游服务名片。结合市场和游客需求，不断优化服务流程，提高服务质量，培养一批素质高、态度好、技能硬的服务人员。同时，打造景区线上服务平台，推荐旅游线路，答疑旅游问题，引导旅游评价，把游客的需求真正落实到位，让游客从内心深处记住这座有爱的小城。

有力叫响旅游宣传名片。在不断升级的消费浪潮下，抢抓发展旅游经济，开发多元化文旅产品，创塑特色旅游商品，努力探索"旅游+"新模式，有效运用微信、微博、抖音等新兴媒体，同步运用电视、报刊、广播等传统媒体，在江苏卫视、中国旅游报、中国县域经济报和央视网、凤凰网等各级主流媒体形成合力，确保射阳旅游以最快、最新、最靓的方式向全世界发出邀请。

海风河韵，水绿射阳。全域旅游快速发展的号角已经吹响，射阳抢抓时代发展机遇，完善旅游公共设施，深入推进旅游"厕所革命"、旅游标志和指引牌设置、景区停车场建设，大力发展智慧旅游，全面争创一批国家级旅游品牌，射阳正在逐渐成为宜居宜业宜游的新港城，长三角地区知名的生态休闲旅游目的地，以及中国东部沿海特色滩涂文化旅游区。

四 "厕所革命"：有爱小城绽放出文明之花

现代生活中的厕所空间，是家庭空间、工作空间、休闲空间、网络空间外的"第五空间"。"难找、难看、难用、难闻"是困扰城乡公厕多年的典型问题。小厕所是关乎百姓生活的大问题，是民生实事工程绕不开的话题。厕所问题不是小事情，是城乡文明建设的重要方面。正是深刻认识到这一点，在习近平总书记继2015年4月之后，于2017年11月再次对"厕所革命"做出重要指示之时，射阳已经先行先试了一场"厕所革命"，不仅让"有味"公厕脱胎换骨，更令它们变身为一个个温情驿站。小厕所连着大民生，射阳通过狠抓公厕建设进一步提升了城市形象和城市品位。

合理多点布局，让公厕不再"难找"。射阳城、镇、村的道路旁边、街区和社区等公共场所，按照人口密度和空间距离等标准，高密度布局设置公厕点位，使公厕不再"难找"。2017年射阳在县城投入4000多万元建设102座公共厕所后，于2018

年又投入 4000 多万元，在 15 个镇区实施 200 座公共厕所建设，进一步改善城乡生活环境。

建筑风格美观，让公厕不再"难看"。公厕是城乡空间中的一个重要点位，是城市建设的完整组成部分，其外观形象也直接关系到城乡建设的美丽程度。射阳新建公共厕所以园林式风格为主，全部按国家一类标准设计，综合垃圾分类、文明宣传等功能。射阳公厕已真正成为点缀在城乡建设中的"文明之花"。

提高建设标准，让公厕不再"难用"。射阳始终坚持"一张图纸到底、一个标准到位"，全面改善公厕条件。厕所都有无障碍通道，又设有安全抓手，方便行动不便的老人。公厕还统一设置公厕指示牌、盲人识别标志、挂衣钩和感应式冲水器等。针对男女如厕现实状况，相应增加女厕位以及儿童厕位。同时，公厕都配有双面护栏的坡道、不锈钢坐便器、洗漱盆、警报器，设施齐全，非常实用。

加强管理守护，让公厕不再"难闻"。射阳公厕都建设有值班室，并与公益性岗位开发相结合，聘请专门的工作人员对公厕进行看护管理，对公厕进行冲洗和清理，时刻保持公厕整洁如初，杜绝"异味"。射阳还在新建的公厕配套设置供环卫工人休息的"安康驿站"，不仅为环卫工人提供休息保障，而且环卫工人也会把公厕周边进行更彻底的清理保洁，公厕甚至已经可以媲美家厕。

射阳的"厕所革命"不仅补齐了民生短板，而且通过在新建的公共厕所配套设置供环卫工人休息的"安康驿站"，在屋内配置空调、热水器、应急药品、微波炉，满足环卫工休息调整的需求，还充分体现了其人文关怀。同时，设施完备、美观整洁的公厕也已经成为展示射阳城市形象的窗口，特别是公厕内张贴的节约用水以及强化文明规范的宣传标语，对引导群众逐步提高讲文明、树新风的意识也发挥着重要的潜移默化的作用。

五 国企风采：城镇化进程中的国有企业新担当

2014年下半年，由射阳县国资委牵头、县相关部门配合的县属国有企业改革正式启动，侧重从政府平台公司重组整合、经营困难企业重组和破产，以及机关事业单位所属企业清理整合3个方面分类推进县属国有企业改革工作。对县五金化工公司、县磷化公司等11家破产、困难企业，按照"总体规划、一企一策、有序推进、三年攻坚"的总体思路，通过政府土地收储、旧城改造等措施，推进这些企业破产清算、资产处置和职工身份置换，完成改制，化解历史包袱。对县级机关事业单位所属企业进行全面清理核实，积极推进改革重组；对长期亏损、资产抵债的企业依法破产或关闭；对有发展前景、市场化程度较高的企业，可改制为非公有制企业或混合所有制企业；对确需保留的企业，按产业类型进行整合，划转县属企业或纳入国资监管机构监管，促进县属国有企业健康协调发展。但是，这次国企改革最有意义的是整合组建了六大国有平台公司，即射阳国投公司、建投公司、交通集团、民生水利投资公司、旅游实业公司和城建集团。六大实业公司的组建除了有利于国有资产的保值增值外，更重要的是为射阳经济社会全面协调可持续发展做出了积极的贡献，特别是极大地推动了射阳的城镇化进程。

坚持多元化发展，发展混合所有制经济。射阳设立财政扶持国有企业发展专项奖补（引导）资金，鼓励国有企业参与市场经营，对国有企业民生实事工程贷款按照当年投资额进行财政贴息奖补；对国有企业资本金收益全部用于国企项目和产业发展，鼓励和引导非公有制经济发展，支持发展混合所有制经济，构建相互促进、共同发展的新格局。

坚持市场化运作，打造独立市场主体。射阳通过市场化的方向和路径，明确城建集团、国投集团、交通集团等"六大"不同类型的国有公司功能及市场定位，落实"六大"国有公司资产、所有者权益、主营业务收入、利润、税收、投资总额6项指标任务，引导国有公司按照市场规律和企业发展规律运行，把国有企业锻造成有竞争力的独立市场主体。

坚持分类化监管，降低委托代理风险。县国资委对不同类型的国有企业实行分类监管和差别考核，试行委派监事制度，指导国有企业加强企业内部财务监督管理，完善重要业务活动和关键业务环节的内部控制制度，强化对企业内部控制执行情况的检查和评审，推进重点指标、重大事项跟踪；制定《国有企业担保管理暂行办法》，严格防范企业融资担保、抵押风险，提高风险预警能力；督促国有企业严格执行国家财务会计法律法规制度，独立建账，单独核算；完善"三重一大"决策制度，加大社会审计力度，严格落实企业负责人离任审计。

坚持统筹化推进，推动国有经济合理布局。射阳坚持整体推进和重点突破相结合的原则，分别明确"六大"国有公司参与市场竞争的类别，城建集团主要参与城市房地产开发项目建设，三维交通集团主要参与机场建设、县镇道路提档升级等项目建设；国投集团主要参与代建县养老中心、新城区人民医院等民生实事工程以及新能源、粮食物流等项目建设；建投公司主要参与市政道路和绿化；水投公司主要参与水利设施建设；旅游公司主要参与大尖岛等旅游项目建设。

六大国有实业公司最初组建时，注册资金只有50多亿元，2017年六大国有公司资产总额达到315亿元，主营业务收入近100亿元。六大国有实业公司负债、融资都经由相应程序，报债务领导小组审批，债务与资产匹配程度较好，不仅没有变成地方偿债的"口袋"，而是已成为化债的"平台"。

专栏8—1　打造千亿国企　建设百年国投

射阳国有资产投资集团成立以来，始终遵循"做强精品产业、壮大国有资产"的企业宗旨，精准定位，做亮产业，做响信誉，积极探索多元化发展、市场化运作、规范化经营的思路和理念，投身于实体化经营和重大民生事业建设。

突出效益为先，主要指标稳中求好

截止到2018年8月底，完成新增资产额6.32亿元，占任务的66.59%；所有者权益完成新增资产额4.45亿元，占任务的66.62%；主营业务收入17.35亿元，占任务的66.73%；利润1.55亿元，占任务的67.39%；税收0.87亿元，占任务的66.92%；项目投资总额19.35亿元，占任务的66.72%。六项主要指标都达到序时进度。

突出项目建设，重点工程稳步推进

一是在建实事工程项目。包括新城区人民医院项目、妇幼保健院项目、国投海都路菜场项目、同心实验幼儿园项目、教师发展中心项目。

二是在手重点工程项目。包括金融商贸CBD项目、红星美凯龙家居广场项目、现代文化传媒中心、工人文化宫项目、华中工委纪念馆改造提升项目。

三是合作共建园区项目。与高纺区和临海镇共建纺织染整交易市场项目、中欧产业园项目、康平纳项目与盘湾镇共建厂区建设项目。

突出产业发展，主体产业稳健运营

一是养老、家政产业。养老中心和家政服务中心于2018年7月初正式运营。

二是农业产业领域的粮食仓储物流项目。在兴桥、海河等地建成粮食产后服务中心，共为农服务350多户，带动粮农增收1600多万元。

三是国投农业项目。小麦种植面积6362亩,水稻种植面积6084亩,发展稻虾种养高效农业项目328亩。

四是园林绿化工程项目。累计投入3300万元,在海通镇境内已栽植2000亩。

五是新能源产业。已运行光伏发电站26个,总装机容量102.1兆瓦。

六 公共服务:民生事业高质量发展的根基

如果说"四个托底"是射阳民生事业的低层保障,那么公共服务则是射阳民生事业的高层诉求,它们是民生事业的两个方面,既要使居民都有享受最低民生保障的权利,更要使居民拥有享受高质量公共服务的机会。正是深刻认识到这一点,射阳在兴办人民满意的教育卫生等公共服务事业方面才投入了巨大的财力和精力,并在体制机制方面进行了探索性的改革,奠定了教育卫生等公共服务事业高质量发展的基础。

(一)兴办人民满意卫生事业

射阳通过大力推进人才队伍、装备设备、基础设施、干部队伍、服务能力建设,在兴办人民满意卫生事业方面取得了较好的成效。

1. 多措并举,卫生人才强基工程亮点纷呈

高端人才取得重大突破。通过积极争取,主动对接,挂牌成立了江北首家心脏病学陈义汉院士工作站和江苏首家县级国医大师石学敏院士工作站,建立殷善开、陈立波、王贵怀等多个名医工作室。与北京长庚医院签订"名院合作"协议,与徐州医科大学合作建立"人才服务校园工作站",达成射阳就业基地建设协议,开展常态化医疗卫生人才招引培养工作,全面提升全县人才培养、医疗服务、医学科研水平。

解决职称聘任难题。按照全县医疗单位实际开放床位数情况，重新核定了岗位设置数，多名考取中、高级职称的但无岗位人员得到了聘任，源头上解决了射阳医疗单位部分中、高级人才因职称无法聘任导致的人才流失问题，还为以后招引和聘任中、高级卫生人才预留了岗位。

提高人才待遇水平。规范审批创先争优奖励基金，在收支结余的40%内，提高奖励性绩效工资总量20%，主要用于对业务骨干、关键岗位和工作成绩突出人员的奖励。提高高层次人才、外地人才引进待遇，最高补助可达50万元。争取县财政分别按照50%、100%比例补助，兑现了全县24家差额医疗卫生单位在职职工、离退休人员的住房补贴。

2. 加大投入，基础设施建设工程取得突破

开工建设两个重大民生工程。立项总投资16.8亿元（不含设备）的新城区人民医院和5.1亿元的县妇幼保健院两个重大民生工程已分别于2016年12月30日和2017年7月1日举行了开工奠基仪式。

积极推进县级公立医院改扩建项目。投入1500万元，新建6300平方米的县第三人民医院门诊综合楼，进一步改善了全县精神病人医疗服务条件。实施县中医院门诊急诊楼、病房楼综合改造也于2018年全面启动。

推动镇卫生院基础设施提档升级。积极落实国家"每个建制镇建有一所政府举办、功能完备的公立卫生院"的医改目标任务。其中，盘湾中心卫生院建成全市唯一一个"全国百佳乡镇卫生院"，洋马、海河、新坍三个卫生院建成"全国群众满意乡镇卫生院"，阜余、陈洋两个卫生院建成"省示范乡镇卫生院"。

持续推进村卫生室标准化建设。提前一年完成全县230家村卫生室标准化建设工作，提前三年完成省"十三五"基层基本公共服务功能配置标准要求。临海同胜等20个村卫生室被省

卫计委命名为"省示范村卫生室",全县累计建成34个"省示范村卫生室"。

3. 深化改革,服务管理提升工程全面推进

深入开展行风建设。通过"远离回扣、廉洁从医"系列主题专项活动,筑牢干部职工思想道德和纪律法制防线;组织全系统医务人员层层签订"九不准"承诺书;围绕重点行为、重点岗位、重点环节、重点人员,广泛开展自查自纠;利用设立举报信箱,公布举报电话和电子邮箱,受理红包回扣和卫生计生服务中不正之风的投诉和举报。积极开展了"装聋作哑、装模作样、装腔作势"不良现象整治、违规吃喝专项整治"回头看"活动。

全面提升服务能力。柔性引进京沪等大城市优质医疗资源,县人民医院与北京清华长庚医院、上海六院等知名医院建立协作关系。加强重点学科建设,县人民医院儿科、麻醉科、肿瘤内科、消化内科4个科室建成市级临床重点专科。合德镇卫生院妇产科被评为省级特色科室,洋马镇卫生院妇产科、特庸镇卫生院骨科等5个科室建成市级特色科室。提升中医药服务能力,所有镇卫生院、村卫生室配备了相应中医诊疗设备,中医药服务比例达30%以上。

完善分级诊疗制度建设。完善分级诊疗绩效考核体系,建立未经转诊、县级住院治疗患者随访制度,促进基层首诊、分级诊疗制度建设。完成海河、合德等乡镇卫生院医联体建设,医联体建设实现全覆盖。在绩效考核工资总额外,对开展签约服务进行专项补助,引导推动家庭医生签约服务深入开展。

加速推进远程医疗建设。依托县人民医院建成全县远程会诊中心,实现与北京清华长庚医院、省人民医院、市一院、市妇幼保健院等4家三级医院对接,正常开展远程医疗服务。积极筹建覆盖全县的县镇村三级医疗卫生机构的远程医疗系统。

（二）兴办人民满意教育事业

近年来，射阳县教育事业始终保持良好态势，取得了令人瞩目的成绩，先后通过省县域基本教育现代化验收，建成省"中小学校责任督学挂牌督导创新县"，被国家教育部确认为"全国义务教育发展基本均衡县"。这与射阳始终坚持把教育放在优先发展的重要位置，明确打造"学在射阳"教育品牌、办好人民满意教育的目标任务不无关系。

1. 全力改善城乡办学条件

射阳坚持把教育作为最大的民生，坚持最高标准保障，仅2017年，就投入5.93亿元，组织实施义务教育学校提升、薄弱学校改造、公办园建设、普通高中创星晋星、智慧校园创建、教师发展中心建设六大工程，全力推进教育现代化建设。全县优质教育资源不断扩增，总投入2.3亿元的县第三中学于2017年秋学期投入使用。

2. 切实加强教师队伍建设

坚持人才立教，把建设优质教师队伍作为基础工程、先导工程。在储备人才方面，落实定向培养师范生计划；在新教师招录方面，实行校园现场招聘和公开招聘相结合，先后赴长沙、南师大、江苏师大进行校园现场招聘；在教师培训方面，落实省市高端培训计划，组织县级教师培训，组织校长、骨干教师考察学习，暑期举办县级培训班、对教师进行培训。出台人才引进激励政策，对引进的特级教师、省名教师、市级学科带头人等高层次教育人才，给予15万—30万元安家费。为省特级教师设立名师工作室，落实科研经费，建立研修团队。县财政安排专项资金用于省射阳中学、县高级中学延时补助，并提高全县基础教育质量奖奖金。

3. 推进教育优质均衡发展

组织开展学前教育、义务教育布局规划专项调研，修编全县学前教育、义务教育中长期发展规划，制定农村小学单身公寓建设三年规划。按照省定标准，完善"十三五"教育基本公共服务配置规划，努力让老百姓在家门口享受优质教育资源。逐校建立控减大班额台账，实行一校一策，综合施策，逐步减少秋学期全县小学、初中超过56人以上大班额学校。

4. 全面提高教育教学质量

把质量提升作为教育工作的核心和主题，牢牢绷紧质量提升这根弦。按照"名师统筹、资源共享、优势互补、共同提高"的策略，推进以县城3所省级实验小学为龙头的小学教育集团向农村小学延伸和辐射，落实5所优质初中帮扶10所薄弱初中的措施，推进星级高中创星晋星，引领全县中小学向高质量、高品位方向发展。以"高效课堂"教学实践为抓手，举办"让学引思"课堂教学观摩、课堂教学规范达标考核、主题沙龙、案例评比，组织教改试点校校长赴苏州研修，推动"让学引思"课堂教学改革在射阳落地开花。2017年高考本科达线率、达线数实现超历史、创新高；中考700分以上高分段人数稳步增加，650分以上人数大幅增加，合格率明显提升。

5. 实施精准扶贫助学行动

确立民生优先导向，突出做好困境儿童和困境在校大学生从出生到大学毕业生活学习费用托底工作，初步建立起涵盖从学前教育到高等教育的托底救助、助学贷款、教育资助、社会帮扶四轮齐转的学生资助体系，在制度上保障了家庭经济困难学生顺利入学并完成学业。

义务教育均衡发展持续推进，有力增强了城市承载力和吸附力，促进了城市资产资源开发利用。特别是正在实施中的内涵提升、项目攻坚、教育惠民、共建共享、开放融合"五个行动"，对于推动更高质量的优质教育、更高品质的公平教育、更高层次的创新教育、更高标准的智慧教育、更高水平的活力教育等"五大教育",全力打造"学在射阳"教育品牌,让每个孩子都能享受公平而有质量的教育,将发挥更加重要的促进作用。

第九章　生态港城：射阳的发展愿景与定位

一　发展愿景

发展愿景是一个地区希望通过发展要达到的某些目标，这些目标可能是最终的目标，也可能是阶段性的目标，它们基于区域优势，源于区域功能，但又超越优势和功能，是一个地区主要优势和功能进一步强化和综合的结果。确定城市发展愿景，不仅能为城市的未来发展指明方向，同时也可以向世人简单明了地宣示自身的发展目标，强化身份的识别及自身的存在感，吸引外部人口和资源有选择性地向本区域集聚，加快城市的发展步伐。

根据射阳自身具备的发展优势，以及已经由国家或者区域规划明确指出的需要即射阳承担的主要功能和任务，射阳的发展愿景可以表述为以下三个方面：宜居宜业的江淮生态港城；江苏沿海地区重要的节点城市；长三角区域知名的商旅城市。

（一）宜居宜业的江淮生态港城

建设"宜居宜业的江淮生态港城"是射阳的长期发展愿景，表达的是射阳作为一个城市单元，对"人"这一本体所应承担的特定功能，是最具有统领性和本质性的发展愿景。"宜居宜业的江淮生态港城"分别从功能、区位、生态和地理等方面表达了射阳的四个特质。

"江淮生态港城"表达了三层含义：其一，射阳的发展目标应该是都市化程度较高的"城市"，无论其城市规模大小，都应具有完全的生活、居住、服务和就业等功能，而不是以乡村经济为主体的传统县域经济——尽管其乡村区域面积仍然会占其国土的主要部分；其二，"生态"所要表达的是，射阳的发展应是生态的、绿色的，都市化区域要低碳和低密，都市化区域之间要有大面积的绿化隔离带及广阔的乡村区域，而且乡村区域自身也是生态、绿色的。不仅如此，射阳"生态"还要超越一般地区，而要能够承担某种区域生态功能；其三，"港城"强调了射阳的海洋元素和海洋功能，是射阳区别于大多数区域的最主要特色。"江淮"则指明了射阳的区位，射阳属于传统意义上的江淮区域，而江淮区域作为历史上光辉的存在，也正逐渐点燃世人的联想与热情。"江淮"和"港城"的并用，不仅更深刻地刻画了射阳的区位和地理特征，同时也使这些特征成为其独特的标识，因为江淮区域的港城较为稀少，特别是能够实现河港联运的城市更非射阳莫属，"江淮生态港城"将能够激起人们的兴趣并形成独特记忆。

"宜居宜业"是"江淮生态港城"的本质内涵。"宜居宜业"一方面是"江淮生态港城"内在功能的显性化，无论"生态"还是"港城"，都是为了"宜居宜业"而存在。另一方面，"宜居宜业"对"江淮生态港城"来说还具有某种程度的超越性，它要求射阳具有更深层次的内在功能，即在基础设施、公共服务、文化娱乐、智慧生态、营商环境、创新氛围等各方面，都能够真正以"人"为本，既适合居住，又适合创业或就业。

"江淮生态港城"包含有"江淮""生态"和"港城"等区别于其他城市的独特要素，提出这样的发展愿景，将有利于清晰树立射阳的发展目标和城市形象，增强外界对射阳的感知程度，并通过凝聚共识和集聚资源，有力地推动这一愿景的自我实现。射阳拥有的海岸线、辽阔湿地和珍禽,对于全国人民都是一种梦幻般的所渴望的元素;射阳交错的河流、林地和农田等,也都是让那些身处熙攘聒噪都市的市民内心无限向往的元素。同时,"江淮"之城很多,"港城"也不在少数,但是处江淮、滨河海、拥良港、"生态"优美的地方,也只有射阳,或者说,至少可以通过努力使射阳这种独特形象矗立在人们心目中,并逐渐强化这种认识使其产生排他性,最终产生"江淮生态港城唯射阳"的效果。

(二)江苏沿海地区的重要节点城市

建设"江苏沿海地区的重要节点城市"是射阳在竞争概念上的发展愿景,强调了射阳在区域经济协同发展中所期望要达到的地位。这一愿景一方面表达了射阳作为一个区域单元,对其他区域单元发展所应承担的节点功能,另一方面也表达了射阳相对其他区域单元期望通过竞争所要达到的某种层级。

"江苏沿海地区的重要节点城市"这一愿景表达了两层含义:其一,射阳的发展目标应该是江苏沿海地区的一个重要城市,这一层含义强调射阳与其他江苏沿海城市的竞争关系,射阳相对其他江苏沿海城市应具有更"重要"的地位;其二,射阳的发展目标还应该是江苏沿海地区的一个节点城市,这一层含义强调了射阳与其他江苏沿海城市的合作关系,射阳对其他江苏沿海城市应发挥连接和融通的作用。

"江苏沿海地区的重要节点城市"这一愿景突出了射阳在江苏沿海地区所应达到的地位,树立这一愿景将有利于射阳紧密围绕节点城市的定位进行规划布局,提高射阳在江苏沿海城市群中的地位,特别是还会增强江苏沿海城市群对射阳节点城市的身份认同,促使它们在进行规划布局时更加重视与射阳的交通对接和产业协同,进一步密切江苏沿海城市群之间的联系和融通,促进江苏沿海城市群向全国重要城市群迈进,射阳也将在这种发展过程中不断提升自己的区域地位。

"江苏沿海地区"已受到国家层面和江苏层面的高度重视，随着基础设施的完善和政策优势的显现，该地区正受到全国越来越广泛的关注。同时，上海辐射范围的不断北延，长三角产业转移范围的不断扩大，内陆腹地不断与江苏沿海地区的加强连接，都促使要素和产业加快向"江苏沿海地区"集聚，"江苏沿海地区"已俨然成为一个新的发展热土。在这种情况下，该地区的城市也呈现快速发展趋势，彼此之间的分工和链接正在向纵深演进，彼此之间的竞争合作关系也正经历着深刻的变化。

射阳位于江苏沿海地区的中部，向南临近盐城，向北连接滨海县、响水县及连云港市，向西连接阜宁、淮安，是江苏沿海开发战略的核心区域。射阳港口功能的不断提升，将使射阳向内陆的辐射能力进一步增强。同时，中国沿海铁路、沿海高速公路等交通路网的不断完善，更将射阳置于连接山东半岛城市群和长三角城市群的中心位置，节点地位将不断增强。不仅如此，射阳作为距离盐城较近的一个县城，已将"融入市区"作为发展方针，这使其既有独立的发展能力，又能借势强化部分城市功能，在要素集聚方面具有更强的向心力，而在产业辐射方面也会产生更强的影响力，"节点"的意义也会进一步提升。而且，射阳作为"江淮生态港城"，也是江苏沿海城市群的商务旅游目的地。因此，将"江苏沿海地区的重要节点城市"作为射阳的发展愿景，具备坚实的基础和有利的条件。

（三）长三角区域重要的商旅城市

建设"长三角区域重要的商旅城市"是射阳最为核心的区域功能性发展愿景，强调了射阳作为一个主体功能区，在长三角这一更广泛区域所应承担的特殊功能，这一愿景具有鲜明的特色辨识性和功能引领性。

"长三角区域重要的商旅城市"这一愿景蕴含了三个层面的

意思：第一，强调了射阳的区域核心功能目标应该是"商旅"，包括商业、商务和休闲旅游等方面；第二，强调了射阳的长三角区域特性，即射阳不仅是江淮城市、江苏沿海城市，还是广义上的长三角区域，这将射阳发展置于更广泛也更精彩的空间背景中；第三，射阳在"商旅"方面发展的深度和广度方面还应该达到一种较高的水平，即要努力做到"重要"，在长三角区域具有重要的影响力，成为上海及长三角区域其他城市商务活动和休闲活动的优选之地。

"长三角区域重要的商旅城市"这一愿景突出了射阳的区域核心功能，树立这一愿景将时刻警示射阳所承担的责任和使命，促使射阳将之作为奋斗的发展目标，有利于将资源更迅速地向"商旅"方向集聚，促进城市在营商环境改善、商业商务氛围活跃和生态旅游发展方面尽快形成突破，提高射阳在长三角区域"商旅"活动方面的地位和知名度。

射阳"江淮生态港城"的建设也将为"长三角区域重要的商旅城市"奠定坚实基础，广阔的江淮腹地、优美的生态环境、河海联运的便利，都将是吸引上海和长三角区域其他城市要素和资源的积极因素。同时，射阳的航空、铁路和高速公路正形成四通八达的立体交通网络，也使长三角区域要素和资源向射阳集聚的时间成本和经济成本大幅降低。特别是在长三角区域其他城市发展空间已达上限、城市规模过大、生态环境欠佳的情况下，其要素和资源具有内在的外溢要求的情况下，射阳这一"长三角区域重要的商旅城市"，自然也会成为最为理想的"商旅"之地。

二　功能定位

射阳的功能定位与发展愿景是相辅相成的。发展愿景高于功能定位，但是要立足于功能定位，以功能定位为基础；功能定位受到发展愿景的统领，但同时也是对发展愿景的有力支撑，是发展愿景内涵的功能的具体化。从这个意义上，射阳的功能定位应该围绕射阳的发展愿景进行设计。

不过，射阳作为江苏沿海地区甚至长三角地区一个县域经济体，其功能定位也受到上一层级规划的深刻影响，虽然这些规划具有一定的时效性，但是只要有利于最终促使射阳长期发展愿景的实现，也应成为支撑发展愿景的功能定位。2009年8月，国家发改委印发《江苏沿海地区发展规划》，提出将在江苏沿海形成"三极、一带、多节点"的空间布局框架，其中，盐城市区作为"一极"，射阳港区作为"一节点"，并在沿海交通干线附近形成产业集聚"带"。由此，射阳的功能主要在于发展优势产业和生产性服务业，发挥"节点"和产业集聚"带"的作用。2016年6月，国家发改委、住建部印发《长江三角洲城市群发展规划》，盐城成为长三角城市群26个入围城市之一。根据该规划，盐城市制定出台《盐城市深度融入长三角一体化发展行动方案（2017—2020）》提出重点打造"两区、三基地"，即打造产业联动集聚区和生态文明示范区，建设休闲旅游度假基地、新能源示范基地和优质农产品供应基地，并将建设具有区域影响力的长三角北翼重要节点城市。射阳的功能即要配合盐城重点打造"两区、三基地"，强化盐城三角北翼重要节点城市地位。2017年，江苏省提出"1+3"功能区战略，其中射阳属于由连云港、盐城、南通三个沿海城市组成的沿海经济带，是以城区港区为主体的点轴串联开发区域，主要发展沿海经济、临港经济，更好地体现了国家沿海开发、陆海统筹的战略意图。同时，江苏省也提出了在一些条件比较成熟的地方率先推动跨地区的融合，以局部的一体化促进更大范围的一体化，为整个长三角的一体化发展做出积极探索，其中连云港、盐城、南通沿海经济带将可能是优先一体化地区，而射阳也位于其中。此外，2016年5月，《江苏省国民经济和社会发展第十三个五年规划纲要》发布，其中明确提出了产业发展"一中心""一基地"战略。"一中心"即建设"具有全球影响力的产业科技创新中心"，"一基地"即"具有国际竞争力的先进制造业基地"，射阳作为沿海经济带的一个县域经济体，也应在一定范围内承担"一中心""一基地"的功能。

根据射阳所要承担的功能，结合射阳的发展愿景，其功能定位可以简要表述如下：全国新能源装备制造及应用中心；全国品牌农业生产示范基地；长三角区域新兴产业转移承接基地；江苏沿海地区现代海洋经济示范区；江淮地区生态优美的绿色家园。

（一）全国新能源装备制造及应用中心

"全国新能源装备制造及应用中心"是射阳又一全国性的功能定位，表明射阳应在全国新能源装备制造业方面承担重要的职责。之所以说是"中心"而非"基地"，就是要表明射阳并不能单纯从事新能源装备的生产，还要有研发和营销，要为全国新能源装备的发展而不仅仅是生产，做出应有的贡献。同时，"应用中心"的定位进一步强调了射阳也是新能源装备的销售市场，并充分利用自己的风光资源向邻近区域甚至全国提供新能源，为全国能源结构的改善做出自己的贡献。

新能源装备制造业是中国走向"智造之路"的新兴战略产业之一，也是中国扩大开放、提高国际市场竞争力的重要行业之一。射阳具有发展新能源装备制造业的诸多优势，例如临近国内外终端市场、具有河海联运的便利等，这些独特的优势可以减少新能源装备的运输安装成本，从而吸引越来越多生产企业的入驻。江苏国信射阳光伏发电有限公司是射阳新能源及其装备产业的代表企业之一，目前由该公司生产的太阳能光伏组件近12万块。代表世界最先进科技的远景射阳智慧装备产业园落户射阳港经济开发区，该项目由世界风电装备行业前3强及中国最大的海上风机制造企业远景能源集团投资建设，总投资7亿美元，涵盖整机装备制造、风机配套生产、新能源开发、海上风电工程建设、运维服务的全产业链体系，远景（射阳）智慧风电产业园打造成为射阳未来十年发展的重要增长引擎。随着产业集群逐步形成，单一的生产功能也逐渐向市场营销和关键部件研发功能扩展，同时充足的风光资源和丰裕的土地空间，也使射阳成为新能源装备制造品的应用中心。尽管如此，射阳仍然不能说已经成为综合性的新能源装备制造中心，其"全国新能源装备制造及应用中心"的功能还需要进一步强化，特别是在研发功能以及与之相关联的总部功能方面更是如此。但是，射阳具有成为"全国新能源装备制造及应用中心"的一切潜质，只要认定正确方向不放弃，功能目标的实现也只是时日而已。

（二）全国品牌农业生产示范基地

"全国品牌农业生产示范基地"突出强调了射阳作为全国优质农产品供应基地的功能，同时也明确了射阳承担这一使命所要达到的高度或目标，即要打造农业"品牌"，并在全国发挥示范效应。

射阳发展品牌农业具有坚实的基础。射阳拥有205万亩耕地，曾荣获"全国超级产粮大县"，近年致力调整产业结构，以发展高效和品牌农业、叫响地方特色品牌为目标，紧紧围绕特色产业做大做强，大力实施农产品品牌战略，不断推进农业标准化、农产品质量监管和农产品质量追溯体系建设，农业品牌创建成效显著。目前，大蒜种植面积全省第一，药用菊花产量占全国的50%，南美白对虾和异育银鲫鱼规模养殖全国第一，河蟹苗种产量占全国的70%。全县有省级农业龙头企业14家、市级农业龙头企业36家，形成大米、啤麦、水产、奶业、茧丝绸、中药材等多个十亿元级农业产业集群。全县现有经过质监部门备案的农产品生产技术规程及质量标准26个，现有国家级和省级农业标准化示范区各3个，无公害农产品、绿色食品、有机产品"三品"保有量310个，射阳大米、洋马菊花和海河西葫芦国家地理标志产品3个，"射阳大闸蟹苗"则获得国家"地理标志集体商标"。

丰富的耕地资源，优良的气候环境，坚实的农业基础，这些都是射阳发展品牌农业示范基地的有利因素。建设"全国品牌农业生产示范基地"，提升射阳农业品牌知名度，将有利于进一步强化射阳向全国供给优质农产品的功能，并发挥射阳品牌农业在全国的示范效应，推动全国优质农业的持续发展。

（三）长三角区域新兴产业转移承接基地

"长三角区域新兴产业转移承接基地"则是射阳在特定区域的产业功能定位，在一定程度上也是"全国新能源装备制造及应用中心"的补充，强调了射阳对长三角区域产业转移的承接功能，同时隐含地表达了射阳作为包括新能源装备制造业在内的新兴产业生产基地的功能。这一功能定位将射阳与长三角区域链接起来，一方面射阳要为长三角区域产业转移和转型升级做出贡献，另一方面射阳也要借助长三角区域产业转移机会实现自身作为新兴产业生产基地的功能。

盐城市被列为苏北唯一的长三角俱乐部城市，并将"接轨大上海、融入长三角"作为区域发展战略，射阳作为临近盐城市区的县域经济体，在"融入长三角"也应该扮演更为积极的角色。"融入长三角"是多维的，但是产业的互动无疑是重要的方面，其中就包括射阳对长三角其他地区产业转移的承接。尽管如此，这种产业承接并不是任意的，而是需要精心挑选的。射阳的发展相比长三角江南区域无疑是滞后的，但是这并不意味着产业转移就是梯级的。射阳的地理区位和交通条件，决定了其产业承接区别于中西部地区，更应该带有一种跨越性，即除满足全国或者省级战略产业布局调整的需要外，长三角其他区域淘汰的、存量性质的产业转移并不能作为承接对象,而应该是长三角其他地区新增的自身难以消化、同时又满足射阳发展方向的产能,才应该考虑给予承接,主要就是对列为射阳鼓励发展的新兴战略产业的承接。这些新兴战略产业或者主要由于土地供给限制或者空间置换成本的限制,无法在长三角江南区域城市落地,或者主要由于射阳新兴产业集群规模效应的吸引,主动选择在射阳进行投资建设生产基地。射阳提出"接轨大上海",在很大程度上就是看重上海的科技研发能力和市场信息集散中心地位,通过"接轨大上海",能够及时获悉最新的新兴战略产业投资信息,并能够及时全面展示射阳自身的优越投资条件,招引适合射阳自身发展的项目投资。2018年6月20日,2018射阳(上海)先进制造业投资说明会在上海富建酒店举行,集中签约20个项目,计划总投资65.1亿元,其中5亿元以上项目5个。这一活动就是射阳积极主动承接上海和长三角区域新兴战略产业转移的一个缩影,也充分展现了射阳在上海和长三角区域吸引新兴战略产业投资的非凡吸引力。

(四) 江苏沿海地区现代海洋经济示范区

"江苏沿海地区现代海洋经济示范区"是射阳在江苏沿海地区海洋经济发展中的功能定位,即射阳要在现代海洋经济方面做出突出成就,并在江苏沿海地区发挥先锋模范作用,引领江苏沿海地区现代海洋经济的高质量发展。在长期,"江苏沿海地区"也不会成为射阳海洋经济功能升级的束缚,即射阳在发展到一定阶段后也完全可以成为全国范围内的现代海洋经济示范区,"江苏沿海地区"只是表明其所属区位而已。

全面开发利用海洋,对于缓解一个国家资源紧张的矛盾,实施可持续发展战略具有重要作用,促进海洋经济发展已经成为很多国家的基本战略。海洋经济的发展,对于射阳一直具有特殊重要的地位。2017年,射阳海洋经济生产总值突破200亿元,射阳港口货物吞吐量 2000 万吨以上,创建成国家级海峡两岸渔业交流合作基地。然而,在新的发展时期,射阳海洋经济的发展要紧密结合自身发展的功能定位,对海洋经济提出更高的发展目标,不仅仅在规模方面,更要在结构和质量方面,走出一条独具特色的海洋经济创新发展之路,创建现代海洋经济示范区。海洋经济的范畴是非常宽泛的。射阳已经在新能源及其装备、新型建材、健康食品等特色产业、现代海洋渔业等方面取得比较突出的成绩,其示范作用也正在逐渐形成,但是在海洋服务业和海洋科技创新等方面,仍然缺乏明确的思路和行动,发展动能严重不足。未来的射阳,要打造"江苏沿海地区现代海洋经济示范区",除了继续发挥已有海洋产业的优势外,也要在海洋服务业和海洋科技创新等方面持续发力,找准关键点,形成重点突破,再逐渐带动全局,充分发挥示范作用。随着江苏沿海地区价值的重新被发现和深入挖掘,江苏现代海洋经济的发展短板也将会逐步被弥补,并将在全国现代海洋经济的竞争中赢得一席之地,而射阳在很大程度上就承担着江苏沿海地区现代海洋经济发展的重任。

(五) 江淮地区生态优美的绿色家园

"江淮地区生态优美的绿色家园"是射阳"宜居宜业江淮生态港城""江苏沿海地区的重要节点城市""长三角区域重要的商旅城市"等城市发展愿景的重要功能依托,要实现这些发展远景,那么射阳就必须具有"江淮地区生态优美的绿色家园"方面的功能。当然,这一功能不仅对射阳实现自身发展愿景具有重要意义,而且对全国生态建设也具有重要意义,而江淮地区只是表明其所属区位而已。这里的"绿色家园"也具有更广泛的含义,即不仅包括人类,还包括以丹顶鹤为代表的自然界生物,是"共同"的绿色家园。

射阳具有成为"江淮地区生态优美的绿色家园"的优越条

件。射阳具有"天蓝""水清""林绿""气净"等特质，其中既有自然因素，也有人为因素，即得益于射阳对生态的倾力保护和对环境的大力治理。100多公里海岸线上，湿地芦苇成群成片，万亩生态林场随处可见，一道道苍翠挺拔的绿色林带蔚为壮观，射阳生态呈现出一种多彩立体的特征。优美的生态环境，保护完好的海滩湿地，使射阳成为丹顶鹤生存的绿色家园。不仅如此，射阳更是江淮地区和长三角区域人类的绿色家园。美丽的千鹤湖公园、整洁的生态森林镇村、优美的日月岛生态旅游区，以及绿色环保的城市建设等，也使射阳成为人类生存的绿色家园。尽管射阳具有成为"江淮地区生态优美的绿色家园"的有利条件，但是要真正打造成为"江淮地区生态优美的绿色家园"，不仅要继续在生态环境和旅游休闲项目建设方面下足功夫，而且要在品牌打造和形象宣传方面做出更大努力，使人们认可射阳"江淮地区生态优美的绿色家园"的功能定位，并因此将射阳打造成为江淮地区和长三角区域人们度假、休闲和居住的目的地。

三　城市形象

发展愿景和功能定位明确了一个城市未来的发展目标和努力方向，虽然也具有外部认知的作用，但主要还是内部的自我认知，它具有较强的抽象性和指示性，但相应缺乏形象性和感知性，并不是让外部认知的最好标识。因此，对一个城市的各类要素进行综合，从中选取最能体现这一城市特色的关键要素，将之提炼成简单通俗的形象宣传语，对于增加对该城市的认知、提高该城市的知名度，具有重要的作用。用于展示一个城市形象的主要元素，包括形象定位、形象标识和形象要素三个方面。

（一）形象定位：浪漫风光，鹤乡射阳

形象定位是一种通过设定某些易感知、易记忆的语言符号，

向外界传递一个城市最核心特质的营销方式。形象定位的目的是营销宣传，对象是外界人群，方式是语言符号，内容是城市核心特征，最终是要确定该城市在全国乃至世界各城市中的形象地位。形象定位需要精确反映城市核心特质，又要高度形象简练，是所谓画龙点睛之中的"睛"。准确进行形象定位对于让外界迅速、深刻地对城市进行记忆和感知具有重要作用。

"浪漫风光，鹤乡射阳"的形象定位，全面而深刻地反映了射阳所具有的核心要素和城市特质，并且通过明示和暗喻的相互结合，使人闻之者情馨，思之者容动，内涵更加丰富，意蕴也倍觉幽深。尽管"浪漫"一词译自英文，但从字面看，仍然给人一种"浪花漫岸"的美感，正可以反映射阳滨海临河的自然特征；同时，射阳海风肃爽，阳光明艳，"风光"从字面上正可以直接指明射阳丰富的"风光"资源。但是，"浪漫风光"更多反映的还是射阳的本质属性。"鹤乡"作为射阳的一种特指，早已家喻户晓，而丹顶鹤翩跹对舞的优美身姿，长空皓月下的九皋之鸣，从一而终的忠贞爱情，又是多少凡人称羡而不可得的"浪漫"？即使射阳自身，海岸绵延百里的生态林，水光潋滟的千鹤湖，水绕绿环林幽的日月岛，纵横交错、鱼翔浅底的生态河道，静谧安逸的美丽乡村，澄澈如碧、一望无涯的蓝天，又是怎样一派令人赏心悦目、似熏欲醉"风光"？因此，"浪漫风光"从其本来喻义上，也准确刻画了"鹤乡射阳"的城市核心特质。以上两个层面分析表明，"浪漫风光，鹤乡射阳"可以作为射阳未来的形象定位。

（二）形象标识：有爱小城

形象标识是指通过标志和识别系统所展现出来的形象。城市形象标识通常包括城市的名称、商标或徽标、特定的字体和色彩等，即所谓的"Logo"。形象标识主要增强人们对一个城市的印象和记忆程度，使之能够迅速对该城市进行辨识，提高城市的品牌形象。除了图像形式之外，简化的形象标识也可以用最简洁的语言来刻画，主要方便人群之间的口口相传。

"一个真实的故事，一座有爱的小城"已经成为射阳较为成功的宣传语，"有爱小城"可以作为射阳的形象标识。同时，"有爱小城"的形象标识与"浪漫风光，鹤乡射阳"的形象定位也比较契合，"浪漫风光"可以折射自然之间的"爱"、人类之间的"爱"、人类与自然之间的"爱"，"有爱小城"将这几类的"爱"综合抽象出来，形成小城之"爱"，赋予射阳城市一种灵魂，使之具有生命感、和谐感和整体感。不过，当前"一个真实的故事，一座有爱的小城"的传播，主要是借助"一个真实的故事"这样一首歌曲来承载，尽管这首歌曲曾经家喻户晓，但是随着年代的更迭，知之者越来越少，这会导致传播的受众人数减少，受众的感受强度减弱。因此，仍然应该考虑设计可视化的"Logo"，可以将小女孩和丹顶鹤的故事作为主题突出，但是不宜过于特指，而应将小女孩和丹顶鹤的故事泛化，描述和反映人类与丹顶鹤之间的纯真感情，同时将射阳海、风、光、林、岛等因素作为背景加以渲染，展现射阳的"浪漫风光"，传递射阳的"小城之爱"。

（三）形象要素：十大要素

形象要素是一个城市所具有的、并有利于增强外界感知和记忆的独特要素，涉及自然、地理、人文和社会等各个方面。形象要素是在形象定位和形象标识的基础上，进一步丰富或深化人们对一个城市感知和记忆的城市元素。尽管形象要素涉及的范围较广，但是它要求相关要素必须是独特的、显著的和积极的，这些形象要素聚在一起，将能够使人们获得对该城市最基本的认识，并能够对该城市最深刻的记忆。

射阳的形象要素是多层面的，既包括农产品、自然生物，也包括神话传说、地理标识，甚至还包括自然或人文景观。射阳具有"鹤乡""大米之乡""中国蒜薹之乡""蟹苗之乡""菊花之乡"等称谓，就是因为射阳具有丹顶鹤、射阳大米、优良的蒜薹、优质的蟹苗、品质卓越的洋马胎菊等形象要素，而后羿射日、精卫填海等神话传说也是射阳的关键形象要素，刻画了射阳地理的形成和得名的由来，苏北规模最大的佛寺——息心寺、国家级中心渔港黄沙港、日月岛景区等形象要素，则是射阳主要的自然景观或人文景观。因此，丹顶鹤、射阳大米、射阳蒜薹、射阳大闸蟹苗、洋马菊花、后羿、精卫、息心寺、黄沙渔港和日月岛，可以作为射阳的十大形象要素。这十大要素进一步诠释和丰富了射阳的形象定位和形象标识。

第十章　绿色崛起：射阳的发展战略与目标

明确了一个地区的发展愿景和功能定位，就基本设定了该地区未来总的奋斗目标和大体努力方向。然而，要真正实现这些目标，最终还是要落实到具体行动上，而这些行动也不能毫无章法，随意而为，也需要设定行动目标和具体行动步骤，保证这些行动有条不紊地顺序进行，并不断向最终的目标迈进直至达到最终目标。这些有目标、有步骤和有顺序的行动通常被认为就是发展战略，它高于一般的具体实践活动，但也还是实践层面的概念，只不过是具有统领性和指导性的一系列行动纲领。

一　总体战略

总体战略是对所有行动具有约束和指导作用的纲领。总体战略的制定要以最终完成城市的发展愿景和功能定位为目标，同时也是对一系列可能开展的战略行动的抽象和概括，并对以后实际要开展的战略行动进行约束和引导，使之沿着既定的路径不断迈向奋斗目标，即所谓的先"形而上"，再"形而下"。

根据射阳的发展愿景和功能定位，以及前文对射阳机遇和潜力的分析，从中可以寻找到促使射阳升级发展的最重要元素，即生态和绿色。生态和绿色元素，对于射阳而言已经不是一种约束性的因素，而是已经跃升为引领性的因素，它不仅仅是射阳的发展基调，更成为发展动力，甚至是总领性的一种发展动力。正是认识到这一点，射阳已经将"生态立县"作为一种战略，并将之与"产业强县、富民兴县"一起，作为三大导向性战略。但是，"生态立县"自身不足以成为射阳的总体战略，因为其仍然带有更强约束性意味和基调特征，缺乏引领性意味和动力特征，只有三大导向性战略并列时才具有总体战略特征，因此，需要将"产业强县、生态立县、富民兴县"三大导向性战略予以综合和提炼后再作为总体战略。三大导向性战略的综合和提炼，可以概括为"绿色崛起战略"，并将之作为射阳未来发展的总体战略，即秉持绿色发展理念，加强生态保护，建设绿色城市、绿色产业和绿色交通，并在此过程中实现射阳的快速崛起，跻身江苏沿海县域第一方阵，并最终实现对自身现有功能的超越及对其他领先城市的赶超。

1. "绿色崛起战略"中的"崛起"，具有两个层面的含义：一是射阳的"崛起"相对于自身而言，是射阳经济社会多领域的崛起，也是包含规模、质量和功能各方面的崛起；二是射阳的"崛起"相对于其他县市而言，是一种对其他领先县域经济的赶超，是综合竞争力的显著提升。

2. "绿色崛起战略"中的"绿色"，也具有两个层面的含义：一是"绿色"是基调，射阳未来各方面的发展，都要秉持绿色发展理念，寻求适宜的绿色发展方式；二是"绿色"是动力，这突出地表现在生态的保护和生态景观的建设，"绿色"本身具有了生产力，不仅可以有效吸引生产要素集聚，而且也可以有相当大规模的产出。

"绿色崛起战略"的提出对射阳经济社会的发展具有重要引领和指导作用。一是指出了射阳所处的地位并提出了目标任务，即告知射阳人射阳仍然处于欠发达阶段，应坚定不移地实现射阳的"崛起"发展，从而增强射阳人谋发展的紧迫性和使命感；

二是突出了发展动力,即要实现射阳的"绿色"崛起战略,指明了射阳未来发展的道路应是一条绿色发展的道路,舍此无他;三是明确了射阳经济社会的竞争发展目标,既要实现射阳对自身功能的跨越和对其他领先城市的赶超,强化了对射阳发展情况的过程监测;四是使射阳的发展愿景有了具体的实现途径,激发人们为美好愿景而奋斗的热情和信心。

二 战略目标

"绿色崛起"作为射阳发展的总体战略,需要设定一系列战略目标,用以引导射阳战略执行中的具体行动。战略目标应该围绕发展愿景和功能定位来进行设定,但是它又区别于发展愿景和功能定位,是对发展愿景和功能定位的细化和量化,是一系列更为具体、更有可操作性的发展目标的有机组合。当前,射阳已将加快"跻身江苏沿海县域第一方阵"作为发展目标,从而对"绿色崛起"的战略目标有了新的限定。

(一) 经济增长

经济增长是射阳做大经济规模、提升城市功能的前提和基础。经济增长不是最终的发展目标,但却是易于把握和监测的工具性发展目标。射阳要实现绿色崛起,保持一定的经济增长速度还是必要的。2017年连云港东海、盐城射阳和南通海安分别是各市实际经济增速最快县域经济体,其实际经济增速分别为7.6%、8.3%和8.2%,射阳已经跻身江苏沿海县域增长第一方阵。尽管如此,由于同为江苏沿海地区县市,在发展机遇、竞争条件等方面具有较强的相似性,射阳经济增长速度也很难明显高于江苏沿海县市,其规模难以迅速跻身到江苏沿海第一方阵。因此,射阳必须在长期内都要保持一定的经济增长速度,不断增大自身的经济规模,否则就难以赢得规模优势以及与之相关联的竞争优势。为了实现跨越发展,射阳经济增长目标应该在未来相当长一段时期内维持在7%以上,适当的时机还应该有所提高,以确保绿色崛起的目标得以实现。

(二) 产业集聚

产业集聚能力不仅是保证射阳经济增长速度维持在一定水平的关键因素,而且也是实现其城市功能的主要因素。无论是全国新能源装备制造和应用中心,还是长三角区域新兴产业转移承接基地,其打造都必须要建立在产业集聚的基础上,没有一定强度的产业集聚,射阳的相关功能和发展定位就难以实现。2017年,射阳新兴战略产业增加值占GDP比重仍然只有9.4%,高新技术产业产值占规上工业产值比重只有15.6%,产业集聚规模仍然过小;同时,产业集聚规模过小导致产业的链条不完善,对吸引后续投资非常不利。因此,将产业集聚作为目标,不仅是实现射阳"绿色崛起"的应有之义,也是实现射阳"绿色崛起"的重要途径和需要重点关注的关键领域。为了实现射阳的发展定位,射阳需要尽快将射阳新兴战略产业增加值占GDP比重提高至20%,高新技术产业产值占规上工业产值比重提高至30%。

(三) 收入提高

收入水平是衡量一个地区发展水平高低的重要指标,它直接决定该地区的居民对私人物品或服务的购买能力,并最终影响其消费效用的高低。收入水平的高低并不取决于经济规模的大小,甚至也不取决于产业结构的状况,而是取决于该地区的生产活动所处产业价值链的环节,从而进行产业价值链管理而不是单纯的产业链管理也应该成为一个地区经济管理的重要内容。2017年,射阳城镇居民人均可支配收入分别达到28816元,与连云港各县市相近,但与南通各县市约40000元的水平相差较远，所以射阳要实现"绿色崛起"，并进而跻身江苏沿海县域第一方阵，就必须提高自身的收入水平；否则，即使通过保持较高的地区生产总值增速实现规模的赶超，如果人均收入仍然偏低，并不能真正实现"绿色崛起"。因此，通过产业结构调整和价值链环节的升级，尽快实现收入水平的跨越式提高，是射阳今后面临的一个重大课题。根据实际情况及绿色崛起目标，射阳人均可支配收入水平的增长速度应该维持在9%以上。要实现这一目标，就要坚持不懈推动高附加值产业发展，不断活跃民营经济，否则要达到既定的赶超目标将是比较困难的。

（四）生态宜居

生态环境和居住环境也是对居民福利水平有重要影响的因素，是一个地区发展的最终目标之一，更是射阳"绿色崛起战略"的核心要素。区别于居民收入水平提高所带来的私人物品和服务消费效用的提升，生态环境和居住环境的改善带来的是居民公共物品或服务消费效用的提升，也是居民最终消费的不可或缺的重要组成部分。生态环境和居住环境的改善就是要努力做到生态宜居，它涉及公共生态空间和公共娱乐空间的打造、公共设施和公共服务的提供、公共文化和公共道德的培育等多个方面，不能简单用一两个指标来衡量，而是需要一系列可以定量或者定性的指标来衡量。当前，射阳还处于大发展时期，生态宜居的环境仍然处于积极改善之中，迫切需要制定相应的目标性指标对之进行引导或监测，使之按照既定的轨道有条不紊地顺利推进。由于具体确定这一系列目标性指标需要大量的实际调研数据和各职能部门的深层介入，这里不再设定具体的发展目标值。

三 战略重点

在确定"绿色崛起战略"的总体战略及其战略目标后，最主要的还是战略的实施。总体战略只是具有统领性的较抽象的概念，它的实施还必须分解为具体分项战略，确定战略实施的重点。根据射阳的具体县情和相关的上位战略，这里提出六大战略重点，作为推动"绿色崛起战略"主要战略支撑。

（一）推动苏鲁沪等沿海地区合作，打造东部沿海经济带示范区

江苏沿海地区开发战略和山东半岛蓝色经济区建设都已经成为国家战略，海洋经济以及沿海地区的发展越来越受到广泛的关注。然而，当前中国经济区之间的联系和经济带的打造，更多是东西向的，南北向经济区之间合作较少，东部沿海经济区之间的南北合作也基本呈现这一特征，合作关系松散，竞争关系更强。长江经济带是目前中国东向西经济区合作的典范，这主要得益于上海的龙头作用和长江的主航道联通作用。东部沿海经济带则是最有潜力的南北向经济区合作的先行军，这主要有以下几个方面的原因：一是东部沿海的高速公路、高速铁路和航空交通等立体交通体系正在形成，而往昔大多数地区都处于交通的神经末梢；二是海洋科技创新为代表的现代海洋经济正在兴起，它区别于传统的海洋渔业等，而对产业集群、产业配套和创新要素的需求更为强烈；三是随着生态环境的改善和旅游业的兴起，东部沿海地区已经逐步串联成一道美丽的滨海风光带并吸引越来越多的人流的到来。

射阳处于山东、江苏和上海等沿海地区的中枢位置，立体交通网络逐渐形成，并具有丰富的生态旅游资源和广阔的发展空间，在东部沿海地区合作中应发挥更加积极的作用。当前的射阳，产业集聚程度还相对不足，需要与苏鲁沪等沿海地区进一步加强合作，提高产业链条的关联程度。而当前苏鲁沪沿海地区的缺乏合作，在很大程度上也是由于江苏沿海地区的欠发达，形成了一个凹陷区。随着江苏沿海地区的发展，以及现代化交通网络的形成，苏鲁沪沿海地区的经济社会交往将逐步增强，成为东部沿海经济带示范区也是完全可能的，并由此促进射阳等沿海地区的发展更上一个层次。

（二）实施有限融入市区战略，建设具有独立发展能力的卫星城

融入盐城对射阳的发展具有重要意义。一是融入盐城有利于射阳与盐城之间的道路交通等基础设施一体化，节约两地交往和资源互通的时间成本；二是融入盐城有利于充分吸引盐城的公共服务资源，提高射阳的公共服务水平；三是融入盐城有利于增加盐城科教人才对射阳的认可度，提高射阳对科教人才的吸引力；四是融入盐城有利于射阳在更广泛的范围内参与区域分工，促进射阳城市功能的提升；五是融入盐城有利于大盐城地区空间布局更加完善合理，并使射阳成为大盐城地区不可或缺的有机组成部分。从这个意义上来说，射阳将融入盐城市区作为重要的战略目标，是非常有必要的，而射阳与盐城市区的距离、与盐城南洋国际机场和规划高铁站的距离都非常近，使这种融入具有天然的地利优势。

尽管推动射阳融入盐城在深化功能分工、促进资源共享、提高交易效率等方面具有重要作用，但是在融入盐城的具体路径和程度方面还是应该十分谨慎小心，应坚持"有限融入"的原则，在融入的过程要保持自身的独特性和独立性，建设具有独立发展能力的卫星城，而不是成为盐城的一个"附属区"。这就要求，一要坚定不移地消除基础设施、公共服务和体制环境等方面影响两地交易效率改善的阻碍因素，尽力促进两地资源共享程度的不断提高，深化功能分工，加强协调合作；二要倾力提高教育医疗水平和改善商业商务环境，增强自身反磁力效应的能力，避免盐城对射阳资源形成较强的"虹吸效应"；三要改变融入盐城就是空间融入的错误认识，防止盐城地区空间布局出现"摊大饼"式的无序扩张局面,避免生态空间持续受到挤压。因此,射阳融入盐城时要保持相对独立性,大力提倡卫星城式的组团发展模式,避免因无限或者完全融入而沦落为其一个缺乏独立发展能力的郊区县。总之,融入盐城是射阳实现绿色崛起的重要战略支撑,可以使射阳最大限度地利用大盐城地区的丰富资源,是必须要坚持的战略重点之一,只是在此过程中需要保持自身的独立发展能力。

(三) 加强海陆产业联动,构建完善的蓝绿结合的现代产业体系

射阳滨海临河,东朝一望无际的大海,西接广阔的江淮腹地,又处黄海沿岸之中,北延胶东,南连江沪,产业空间的可拓展性非常强。对于射阳而言,既要坚持生态导向,又要能够实现绿色崛起,同时要突出产业的可集聚性,在产业的选择上就受到一定程度的约束,正是射阳这种便利的海陆地理区位,使其产业的选择范围扩大,并为现代产业体系的构建开辟道路。

沿海地区的产业体系一般可以围绕以下几个层次进行构建:一是与海洋和港口等并无直接联系的陆地产业,包括与当地农特产有关联的产业或者外来转移产业;二是与港口航运有关系的产业,包括以进出口商品为原料或以国际市场为主要目标的产业;三是与海洋资源有关系的传统产业,包括渔业、海洋矿业、海洋化工等产业;四是与海洋气候和海洋科技有关的产业,包括海洋药物开发、海洋能利用、海水淡化利用等产业。对于射阳而言,要坚持生态保护和差别竞争的原则,选择能够充分发挥自身优势和有利于形成产业集群的产业。射阳的传统产业如纺织业和机械制造业,可以通过转型升级改造进入现代产业体系;新材料、新能源和航空制造业等产业,与港口航运或者海洋资源密切相关,并且具有一定的基础,也可以进入现代产业体系;海洋科技产业对于射阳而言仍然属于发展相对薄弱的

领域,虽然海洋科技产业的发展主要依赖创新,规模短期内不容易做大,但其附加值和发展前景也更为广阔,对于提升一个地区的收入水平和城市功能至关重要;海洋生物产业等也需要作为射阳现代产业体系的重要组成部门,予以精心培育和发展。只有通过海陆产业联动,构建完善的蓝绿结合的现代产业体系,射阳跻身江苏沿海地区县域第一方阵的目标才能尽快实现。

(四)加快新兴战略产业集群发展,促进创新要素不断汇聚

产业集群发展具有生产的规模经济效应、创新资源的共享效应、产业链的供需匹配效应、市场营销的中心集散效应等,射阳构建现代产业体系,特别是促进新兴战略产业的发展,都必须高度重视产业的集群式发展。当前,射阳的新兴战略产业,不仅规模还没有达到一定高度,产业链条也还不是非常完善,产业集群发展的内生动力明显不足,新兴战略产业的功能作用也不突出,采取措施鼓励新兴战略产业集群发展,仍然是射阳产业发展方面优先考虑的问题。

射阳航空装备、新能源及其装备、新材料三个新兴产业,行业细分程度较高,产业链招商优势明显,有利于形成产业集群。当前最迫切的任务,就是以完善产业链、提升价值链、集聚生态链为导向,强化创新驱动,大力推动产业链招商和产业集群招商,尽快形成产业规模优势。同时,在招商过程中,也要不断强化新兴战略产业领域中的创新、营销和总部功能,强化新兴产业内生集聚效应,促进创新要素的不断汇聚,继而发挥创新要素的共享效应,并逐步推动新兴战略产业向更高端环节转变。

除此之外,射阳还需要逐渐打造海洋科技创新产业集群,拓展产业发展空间,提高产业层次。射阳在这一方面仍然处于起步阶段,具体产业方向也在探索中。可以考虑先通过引进重大海洋科研创新平台或者龙头项目,吸引更多的配套产业入驻,

待具有一定基础再寻求重点突破，推动海洋科技创新产业集群发展。

（五）不断提升城市功能，塑造具有全国影响力的城市品牌

城市功能的打造是很多城市在发展到一定阶段努力追求的目标。城市功能包括很多方面，例如居住功能、旅游功能、商务功能、研发功能、生产功能和物流功能等，那些超越城市自身而对其他区域有强大影响的功能，往往对城市的竞争力会有显著的提升作用。针对射阳的功能定位，射阳要打造或提升的功能包括很多方面，除了要继续提高居住功能外，更要在旅游功能、商务功能、研发功能、生产功能和物流功能等方面下功夫，争取在某一两个方面形成具有新的强大核心竞争力的城市功能，例如旅游功能和物流功能等，就可以采取优先发展的政策，使之带动射阳整体城市功能的进一步提升。射阳推动城市功能再塑的目的，除了要实现城市竞争力的提升之外，也要以之展示射阳的城市形象，如旅游和商务功能等，这些功能的提升，对于改善射阳形象，提高射阳知名度也是非常有帮助的。

射阳要实现城市功能再塑、展示特色品质，需要注意以下几个方面：一是重视发展总部经济，提升城市的商务功能。要在不忽视全国性总部经济的前提下，重点发展区域性总部经济，并且重点发展具有良好基础和适宜土壤的产业总部经济，主要是纺织、新能源装备制造业和机械电子制造业等产业的总部经济，提升产业集群的品牌影响能力，发挥产业集群的规模经济效应。二是射阳城市功能再塑要与盐城城市功能完善相结合，使射阳每一方面的城市功能都成为盐城整体城市功能不可或缺的重要部分；三是射阳功能再塑不同于产业规模的简单扩大，而要不断提高相应功能产业和功能区获得的知名度、赞誉度及相对于区域内其他城市的竞争地位，并使之成为城市的宣传名片，推动城市知名度的不断提升。

（六）对外招商和内拓发展双轮驱动，适度提高本地民营经济的比重

资本集中和资本集聚是资本得以不断扩大、产出能力不断提升的两条基本途径。对于一个地区而言，对外招商就是资本集中的一种体现，是许多地方迅速扩大资本积累、提高产出能力的主要途径。对于射阳而言，对外招商也仍然是其扩大资本和提高产出能力的主要途径，只是要更加重视产业链招商和产业集群招商，不断增强射阳经济整体的耦合度，营造良好的经济生态环境，提高射阳的竞争能力。

但是，在重视资本集中的同时，也要注重本地已有企业的资本集聚，也就是内拓式发展。具体来说，内拓就是要通过营造良好的政策环境，鼓励现有企业创新能力的提升和品牌的培育，增强现有企业自身的资本积累能力，通过生产规模的扩大和品牌影响力的增强，带动射阳产业规模的扩大和品牌形象的提升。促进本地民营经济的发展，也是内拓式发展的重要方式。本地民营经济的发展对于一个地区具有特殊重要的意义，它可以提高居民经营性收入，促进城市商业的发展，增强经济发展的韧性，并有利于提高经济活跃度和塑造创业创新精神。射阳民营经济发展比周边地区更为充分，但是在数量、规模和品牌等方面仍然需要继续大力提升。这就要求射阳在推动服务经济发展、破除市场准入门槛、改善投融资环境等方面不断努力，特别是要在相关领域加大改革力度，以改革护航民营经济的发展。

第十一章　沿海开发：射阳海域的发展与规划

一　射阳沿海经济发展面临的客观形势

近年来，射阳主动抢抓长三角一体化、江苏沿海开发和江苏省支持苏北地区发展等战略机遇，统筹抓好稳增长、促改革、调结构、惠民生、保稳定、防风险等工作，沿海开发取得了突出的成就。譬如，重点园区基础设施更加完善，承载重大项目能力显著增强，射阳港2017年获批国家一类临时开放口岸，港口能级达到3.5万吨级，黄沙港国家级中心渔港通过验收，通用机场获竣工投入使用。从江苏省、盐城市层面来看，随着江苏沿海开发战略的深入实施和"一带一路"建设的深入对接，随着江苏省支持苏北地区发展力度的不断加大，随着盐城高铁时代即将到来和临海高等级公路黄金海岸经济带加快形成，随着射阳10万吨级深水大港、通用机场、射阳港铁路支线、疏港高速等一批重大交通基础设施的规划建设，射阳已经具备了在更宽领域、更高层次上加快发展的有利环境。

但是，射阳也要看到全县在沿海经济开发道路上存在的挑战和问题，一些不平衡、不协调、不可持续的深层次矛盾和问题尚未得到根本解决。例如，经济总量不大，产业竞争力不强、重特大项目和新的增长点不多，科技创新能力不足、产业结构还不优，龙头企业还不多、重点园区承载能力还不强；制约发展的体制障碍较多，改革开放思路有待拓宽；沿海开发滞后，港口建设进程需要加快，港产规模总体偏小，港镇配套功能载体相对匮乏，三港联动发展有待加强；资源环境约束趋紧，节能减排、污水治理难度加大，生态文明建设任重道远。射阳沿海经济发展还面临不少困难和制约因素，主要体现在以下几个方面：

（一）沿海经济的发展基础薄弱，沿海第三产业有待提升

在沿海开发上，纵观江苏沿海地区，射阳沿海经济与江苏省其他沿海兄弟县市相比存在较大差距，沿海经济低、小、散现象较为突出，在港口通航能力、产业发展以及基础设施配套上均远远落后于周边县市，海洋开发还没有形成鲜明的射阳特色，尤其是战略性资源开发力度不够，制约了沿海经济发展。沿海经济总体投入仍然明显不足，难以适应沿海开发战略实施的需要。虽然射阳沿海第三产业在沿海经济中的地位得到不断提升，但与其他沿海发达县市相比还存在一定的差距，沿海产业结构正处在由中低级阶段向高级阶段过渡的过程中，沿海三次产业结构还有待提升，必须应用新的技术，使射阳沿海产业由粗放型向集约型发展。

（二）沿海科技创新能力不强，沿海新兴产业发展速度缓慢

射阳的沿海科技实力比较薄弱，缺乏高层次的沿海科技人员与高素质劳动力队伍，沿海高新技术发展缓慢，科技对沿海经济的支撑力较小、贡献率较低，发展潜力大和可持续发展力强的新兴沿海产业起步较慢，沿海医药化工等发展滞后。射阳没有高水平的沿海科技研究、教育机构和研究人员队伍，沿海经济自主科技创新能力亟待提高。目前，沿海渔业、沿海农林业、滨海旅游业等传统海洋产业在射阳沿海经济中仍占主导地位，但传统的沿海盐业逐步萎缩，且沿海化工业、沿海生物医

药业、沿海新能源产业等沿海新兴产业尚未发展，其主要原因是沿海科学技术发展水平较低，不能迅速、大规模孵化出新兴产业，阻碍了新兴产业的发展。

（三）港口基础设施薄弱，临港工业发展滞后

当前，射阳港区以小泊位为主，港口规模较小，缺乏深水泊位和大型专业化泊位，产业链尚未形成；港口功能薄弱，仍处在为临港企业提供大宗散杂货装卸的初级阶段，尚未发挥港口的航运枢纽作用；射阳沿海岸线比较复杂，开发需进行大量建港条件前期研究论证，周期较长，开发难度较大，投资规模大。在港口建设方面，与周边滨海港、大丰港相比，射阳港仅有万吨级通航能力，在沿海地区而言已成为名副其实的港口"洼地"。在港产联动发展方面，虽然丰益国际、中节能、辉山乳业等知名企业已落户投资，但产生的物流需求量小，无法支撑港口物流业做强做大。在港城融合方面，射阳港经济区内生活功能载体相对缺乏，严重影响人气集聚，沿海开发步伐亟待加快。另外，射阳港生产一直以传统的装卸运输为主，功能较为单一，尚未发挥临港工业开发、综合运输枢纽、现代物流平台的功能，对临港产业开发的带动作用较弱。

（四）沿海环境保护压力与日俱增，沿海灾害与突发事件频发

射阳的整体沿海环境尚可，但是环境恶化的趋势并没有从根本上得到遏制，外来污染源难以控制，农业面源污染、工业及生活污水排海对沿海水域的影响和压力日趋增加。沿海开发和资源保护的良性机制和体制没有完全建立起来。同时沿海经济快速发展带来新的污染源给环境增加了压力，给沿海经济发展和水产品质量安全增加了很大困难。另外，射阳夏、秋两季易受到台风、暴雨和风暴潮等影响，冬季易受到寒潮等影响，

整体沿海环境的变化,还会受到赤潮等灾害的侵扰。随着沿海经济活动的增加,大型运输船只频繁出入沿海地区,船舶泄油等突发性事件发生的几率将会增加,射阳的陆地和近海区域时有地震发生,这些都对沿海经济的稳定发展造成一定的威胁。

二 射阳沿海经济发展的优势和机遇

射阳加快发展外向型经济,坚持高水平引进来、大踏步走出去,主要从欧美日韩和港台外资密集区引进外资,优化产业链招商、中介招商、基金招商等方式。2017年,射阳实现新批的外资项目24个,引进外资总部经济实现了零突破,推动对外贸易向"优进优出"转变,加快培育远景智慧能源等外贸增长点,高新技术产品出口比重提升了10个百分点,高水平推进现代产业港建设,打造百里黄金海岸经济带,大力培植沿海新能源、沿海工程装备、沿海生物制品、海水淡化与综合利用以及港口保税物流等特色沿海产业,沿海经济生产总值突破200亿元,并努力争创1个江苏省沿海经济创新示范园区。射阳沿海经济发展具有前所未有的优势和机遇,主要体现在以下几个方面:

(一) 有利的政策优势

随着国家"一带一路"倡议和长江经济带战略的提出,江苏沿海开发已经上升为国家发展战略,沿海经济已经成为国民经济发展的重点。"一带一路"倡议的提出,对提高对外开放水平,拓展内陆开放的深度与广度,形成陆海统筹、东西互济的全方位开放新格局,具有十分重要的战略意义。对射阳来说,"一带一路"的建设有利于射阳获得更大的政策支持力度,推动射阳在更宽领域、更高层次上开展交流合作,进一步放大沿海开发的综合效应。同时随着沿海开发加快推进,以及基础设施不断完善，更加助力射阳融入长三角经济圈。

（二）较强的基础设施配套

射阳经济持续快速发展，社会全面进步，射阳的城市化进程加快，产业集聚和产业升级效果显著。射阳的港口发展稳步推进，为临港工业、港口海运业与滨海出口加工业等产业的发展以及沿海新兴产业的培育打下了坚实的基础，为射阳建设沿海经济强县提供了良好平台。射阳位于苏北滨海平原中段，随着沿海高速等重大基础设施项目的建设，射阳至上海的距离缩短在2.5小时之内，可以划入上海2.5小时经济圈，真正意义上接受上海的辐射，获得新发展。同时，沿海高速贯穿射阳全境，也为射阳的发展带来更多的机会。

（三）丰富的沿海资源

射阳的沿海滩涂广阔，广阔的滩涂资源既为沿海产业发展提供了保证，同时根据沿海地区发展规划，围垦滩涂既能为海淡水养殖等渔业经济发展提供空间，同时又是沿海港口、临港工业的依托和支撑，为沿海地区大项目落户提供了可能和保障。沿海地区广阔海域以及潮汐活动等使射阳的沿海环境自净能力较强，为沿海经济发展提供了环境基础。

三　射阳沿海经济发展战略的总体要求

射阳要以"一带一路"倡议为契机，紧紧抓住江苏沿海地区发展和长江三角洲区域经济一体化上升为国家战略、沿海经济发展加速推进的重大历史机遇，充分利用资源优势和产业发展优势，坚持开发利用与保护治理相结合，促进沿海经济又好又快发展。射阳应重点加强沿海港口开发建设，突出发展沿海渔业和沿海农林业，加快发展临港工业，积极发展沿海交通运输业、滨海旅游业、海水利用业和沿海新兴产业，构筑与基本实现现代化相适应、具有射阳特色的多层次沿海经济新格局，促进沿海经济的腾飞发展，努力将射阳打造成为江苏沿海对外开放重要门户和沿海新型工商城市。

（一）坚持产业合理布局，促进海陆协调发展

根据射阳沿海资源特点和经济发展特色，处理好近期与远期、局部与整体的关系，做到因地制宜、合理布局，促进沿海经济相关产业协调发展，实现对沿海资源最充分合理的综合开发利用；同时需要注重陆海一体，统筹海域、海岸带及腹地开发建设，整合生产要素资源，实现陆海资源互补、布局互联、产业互动，以陆域经济、技术为依托，提高沿海经济的吸收和依附力，以陆域空间为腹地和市场，强化沿海经济的辐射和带动作用；充分发挥沿海港口的龙头带动作用，统筹港口、产业、城镇开发建设，形成陆海相互促进、协调发展的新格局，完善沿海资源开发管理体制，发挥市场配置资源的基础性作用，实现沿海资源综合开发利用，促进沿海经济协调发展。

（二）重视自主创新，促进市场化运作

射阳应更加重视科技兴海，大力引进和培养各类沿海科技人才，提高劳动者素质；依靠科技进步，增强自主科技创新能力，加快沿海高新技术产业化，提高沿海开发的整体水平，加大沿海科技投入，大力培育自主知识产权、自主品牌和创新型企业，积极推进技术成果集成创新和产业化，提高沿海产业核心竞争力。还需要把政府引导与市场运作有效地结合起来，为沿海经济发展创造更好的政策环境，进一步强化沿海经济发展的软硬件建设，提高开放水平，加强经济合作，把相关沿海开发项目尽可能推向市场，多渠道吸引各种资金，加快沿海开发步伐。

（三）强化沿海环境管理，促进可持续发展

依法治海，强化沿海与渔业管理，切实处理好沿海经济发展与海洋资源、环境保护的关系，对实现全面和谐和可持续发展具有重要意义。按照建设沿海生态文明的要求，充分利用资源环境约束形成的倒逼机制，促进沿海经济绿色增长。提高环境准入标准，发展循环经济，强化海陆污染防治和沿海生态建设。正确处理沿海资源开发和沿海环境保护的关系，促进沿海经济与资源环境协调发展，积极打造沿海宜居环境，提高人民群众对沿海生态环境的满意度。

四 射阳沿海产业的空间发展布局

射阳的沿海经济发展布局应根据优化资源配置、保护和开发并举的原则进行，根据"依港兴工、港区联动、港城一体"的总体发展战略，以港口的建设和港区的发展作为经济区发展的引擎，以港口、产业区和物流园区联动发展为支撑，培育临港产业带和临港物流园，促进产业集聚，同时逐步带动临港新城的发展，构筑"港口、物流、产业、城市"一体化格局。在此基础上，根据岸线、空间和产业发展的实际综合布局，促进优势主导产业的规模发展、集群发展，全面提升产业发展质量。积极贯彻国家"一带一路"倡议、江苏沿海发展战略，大力实施"沿海兴县"，坚持港口、港城、港产"三港联动"，瞄准"建设10万吨深水大港，打造千亿级产业园区"的目标，全面加快"一港四园"建设，努力推动沿海快速崛起。

（一）重点工程引领沿海开发

推动射阳港区重点工程建设。加强港口基础设施建设，推动射阳港区扩容升级，将射阳港区升级为国家一类开放口岸。

依据港口条件和腹地资源需求，重点建设射阳港现代物流园，提升临港物流园区综合服务功能，集聚发展临港重化工业，积极拓展海河联运功能。射阳应尽快实施10万吨级航道、码头及配套基础设施工程，为射阳实现后发崛起形成强劲支撑。

构建更加完善的集疏运体系。深水大港的建成可以带动产业集聚，带来大量的物流车流，这为构建交通集疏运体系创造了条件。射阳应围绕深水大港的功能配套，突出铁、公、水三大重点，建设射阳港铁路连接线，加密横向路网，实施疏港航道工程，全力构建完善的集疏运体系，着力提升射阳港对外开放能力。

继续推进海堤达标工程。继续推进射阳双洋闸北侧1.8千米海堤防护工程；推动实施扁担港口南侧4.86千米海堤护滩工程、东小海10千米海堤达标工程、4座沿海挡潮闸启闭机房增建工程和夸套南、北匡2.06千米主海堤防汛道路工程；推动实施射阳河闸下南侧1.3千米港堤冲毁修复工程。

（二）推动射阳港口扩容升级

按照"深化港区规划，力求科学布局，加快码头建设，完善集疏运体系，加强港口管理，提高运营质效，培育物流企业、全力拓展腹地"的工作思路，应将射阳港区升级为国家一类开放口岸，为扩大开放奠定基础。全力推进深水航道建设，在完成3.5万吨级航道整治的基础上，继续提升航道通航能力，尽快形成10万吨级通航能力。加大通用码头建设力度，规划建设新的3.5万吨级和10万吨级公共码头泊位，同时建设3.5吨级煤炭专用码头和10万吨级油品专用码头、配套建设5000亩射阳港口物流园。

加快港口信息化建设进程，着重形成多功能、一体化的公共平台，提升信息服务功能，立足港口以及河海联运独特优势，吸引大进大出产业项目在港口周边集聚，培育具有较大影响力的沿海产业集群。重点依托风电设备、机械装备、新能源、石化、石材、煤炭、建材、粮油食品等产业，发展特色临港产业基地和特色港口物流交易市场，尽快成为以散杂货、石化、石材、煤炭、建材、粮油食品、机械装备、集装箱运输为主的重要港区，积极拓展海河联运功能。重点围绕新能源、食品加工、新型建材的产业定位和发展布局，集中布局、全力突破一批体量大、层次高、业态新的临港产业项目，彻底改变临港产业布局分散、层次偏低、关联不强的问题。加快实施电厂四期、捷康三期、闽商石材、辉山乳业、风电场等一批重大项目建设。与此同时，射阳推进现代服务业和现代农业发展，形成港口与产业的相互促进格局，提升了整体的发展水平。

（三）打造黄沙港国家中心渔港

黄沙港国家中心渔港于2005年经农业部批准建设，核心区占地614亩，总投资达4027万元，于2011年3月开工建设。目前，已建成射阳海洋渔业安全救助管理中心、万吨级冷库和胜达·黄金海岸。应继续推动黄沙港渔港二期工程建设，打造多元化的现代渔港经济区，建设集渔船停靠、海鲜酒楼、渔货物资供应、观光旅游商品集市于一体，突出"三风"特色：明清风格、渔港风情、海鲜风味，致力于打造观鹤、踏海、拜佛、尝海鲜为一体的休闲特色旅游，全力形成盐城乃至江苏沿海旅游新亮点。

按照"打造江苏沿海第一渔港"的定位，重点打造"一港三区"，围绕"渔特色"激发空间活力，在规划的基础上，打造特色渔港：建设为集国内外各类水（海）产品，具备批发、交易、展销、旅游、仓储、商务、信息化综合功能的水产品一级批发交易市场；建设中心渔港加油中心，为黄沙港周边的数千艘渔船加油，提供便捷式服务；建设集观光、休闲、宾馆、餐饮、购物、生态浴场、园艺为一体的海岸城广场；建设1公里码头岸线、1公里明清风格渔港特色美食一条街和1公里步行街项目。

（四）建设重点沿海开发园区

对重点开发园区进行科学区位布局，积极争取国家重大生产力布局和政策资源集聚，重点打造新能源及其装备制造产业园、健康食品产业园、新型建材产业园、射阳港现代物流园。

新能源及其装备制造产业园。适度发展陆上风电，加快推进海上风电，拓展光伏发电，围绕新能源风电、光电产业，盘活现有新能源装备制造闲置资产，打足现有相关装备制造企业产能，招引先进风电主机、设备、导管架等配套产业项目，加快建设陆上海上双百万千瓦风电场和新能源装备产业项目。

健康食品产业园。围绕打造为全国有影响的"绿色、生态、有机"健康食品生产加工基地，射阳大力推进全产业链乳品产业集群项目，打造辉山百亿企业，大力招引粮油加工、海洋生物、生物饲料、生物发酵制品、生物基材、保健食品、冷链物流等产业链项目放大品牌优势。重点建设射阳港健康食品产业园，

新型建材产业园。围绕打造综合型的新型建材产业基地，重点发展石材加工产业，着力培育金属制材、防水材料、保温材料、环保新材料（建筑新材料、生物工程塑料）等产业，形成以"石材加工、新型墙材"为主导，与现代物流相配套的产业体系。

射阳港现代物流园。由大宗商品仓储交易区、建材仓储贸易区、集装箱物流区、保税物流区、农产品加工配送区以及商务贸易配套服务区六大功能区组成。将射阳港物流园建成华东地区重要的煤炭、钢材、粮食、石化产品集散地。

（五）创新发展沿海百里现代渔业经济带

要把沿海高等级公路沿线建成江苏省独具特色的百里现代

渔业经济带，按照"一带多园、高大新特"的要求，建设江苏省乃至全国重要的现代水产种业园区、高效设施渔业示范基地、水产品精深加工园区、外向渔业基地和休闲渔业基地。新洋港至黄沙港段重点发展水产养殖业，黄沙港镇重点发展中心渔港海产品集散地、水产品精深加工园区，射阳港至双洋港段重点发展现代水产种业园区；以丹顶鹤保护区为依托，黄沙港中心渔港、海王禅寺、息心寺为节点，海堤公路为轴线，打造沿海渔文化旅游线路和休闲渔业体验区。尽快全面完成"三港六区八园"目标任务。

"三港"——加强黄沙港中心渔港二期工程建设，强化港区功能，完成双洋港一级渔港和射阳港远洋渔港建设。

"六区"——一是沿海标准化高效设施养殖示范区。位于黄沙港南、新洋港北养殖区，面积10万亩，以"良种化、设施化、信息化、生态化"为建设标准，打造全省最大的高效设施渔业连片示范基。二是黄沙港渔业经济区。依托黄沙港国家中心渔港，按照"以渔兴港、以港兴镇"的发展思路，推进海鲜餐饮、垂钓、旅游等三产发展。三是现代种业示范区，重点在射阳港北高涂3.5万亩区域，建设以河蟹土池生态育苗为重点的现代苗种示范区，主要通过良种引进及生态控制技术、微孔增氧设备应用推广等，打造全国最大的河蟹良种种业基地；同时利用河蟹土池生态育苗的淡化池，加快保温大棚及水、电配套，建设5万平方米的南美白对虾工厂化养殖示范区；四是南美白对虾大棚养殖示范区。主要在海河、长荡、兴桥等镇发展大棚养虾面积20000亩。五是特种淡水鱼高效养殖示范区。以射阳河丰淡水养殖专业合作社为主体，在射阳港、千秋、海通等地建设5万亩特种水产品养殖示范区，重点发展六须鲶、全雄黄颡鱼、反季节鳜鱼、乌苏里泥鳅等特种水产品的人工繁殖及养殖生产。六是海峡两岸渔业（射阳）合作示范区。按照"一区多园"的特色渔业产业布局，在黄沙港和射阳港，与台资合作共建4万亩渔业示范区，设立设施养殖园、冷链物流园、精深加工园、海洋产业园、苗种产业园、休闲渔业园等。

"八园"——一是射阳现代渔业产业园。利用射阳淡水二场现有的资源条件，按照高起点、高标准、高效益的要求，把淡水二场建设成为全省一流的现代渔业产业园区。二是定海农场现代渔业精品园。通过高标准建设，使园区达到池塘硬质化、生产机械化、品种优质化、服务一体化、管理信息化、产出高效化。三是盐城市海水养殖示范园。积极推广梭子蟹、脊尾白虾、贝类、海蜇等综合养殖技术，提高海水综合养殖效益，示范带动全县海水养殖业发展。四是向阳现代渔业精品园。通过池塘改造与设施配套，加强新品种、新模式、新业态建设，提升园区经济效益和形象。五是清水现代渔业示范园，通过高标准池塘建设、新品引进和沿射阳河观光带建设，打造省级现代渔业示范基地。六是新坍镇大棚虾养殖示范园。强化土池流转和养殖大棚建设，建成南美白对虾大棚养殖园区1000亩。七是河丰特种水产品配载中心。在G228射阳河大桥北侧，建设射阳河丰特种水产品配载中心，新建冷库、渔车加冰加水、特水产品暂养池等设施，为全县水产经纪人和活鱼运输车提供市场需求、但难以即时收集的特种水产品，配载发货至全国市场。八是国联（射阳）水产品加工出口示范园。通过与广东国联水产的合作，利用盐城地区南美白对虾资源优势，在盘活海之缘闲置资产的同时，新建10万吨大型冷库，开展南美白对虾系列产品深加工。

五　射阳沿海的资源利用与环境保护

（一）资源开发利用

加强资源保护。按照科学发展观的要求，合理利用和保护滩涂、海岸线等各种资源，实现可持续发展，加强对沿海海域渔业资源保护，进一步严格实施国家有关伏季休渔的规定，落实沿海捕捞渔民转产转业和"双控"政策，有效地保护渔业资源，加大渔业资源增殖放流力度，积极探索人工鱼礁生态工程建设，恢复渔业资源和环境。

推进海洋保护区建设。着力推进盐城国家级珍禽自然保护区建设，完善和落实各项保护措施，防止自然保护区由于受到围填海、港口建设等沿海工程和项目影响而遭到破坏，实现可持续发展。

科学布局海水养殖业。继续坚持环境友好型的、以贝藻养殖为主体的海水养殖发展模式，着力发展碳汇渔业，在发展生产的同时，通过贝藻合理养殖，化解近海海域富营养化问题，减轻近海海域赤潮发生和危害；深入开展养殖容量研究，合理调整养殖布局，控制紫菜、文蛤等养殖密度与规模，并适时建立轮养、轮休制度，防止大规模养殖病害和爆发性死亡的发生；建立生态健康养殖示范园区，加强养殖海域生态环境监测，使养殖走上科学管理和可持续发展的轨道。

（二）沿海生态环境保护

认真贯彻和落实《海洋环境保护法》《射阳海洋功能区划》等法律、法规文件规定，控制农业面源污染、工业和生活污水排放、海岸沿海工程污染物、船舶污染物等对沿海环境的污染损害；防止海水养殖、滨海旅游等经济活动对沿海生态环境的破坏和影响，抓好废水排海企业达标排放，加快污水处理工程建设步伐，提高生活污水处理率；加强海域环境整治和综合协调，大力推进近海海域环境功能区划综合管理，实施海洋环境修复工程，加强渔船和商船以及海上构建物的废弃物管理，建立船用蓄电池和干电池的回收管理制度，防止重金属污染。

更加重视完善海陆联动机制，在化工园区、排海工程等重点地段增设监测网点，不断完善监测网络；建立沿海环境和沿海灾害监测、预警和预报制度，及时准确地发布赤潮、台风、风暴潮、溢油等灾害性沿海事件预警预报，建立重大沿海污染及灾害性事件应急处理机制；强化环境法治，建立渔业水域征用、严重污染损失的经济补偿机制，逐步建立沿海资源环境公益诉讼制度，认真执行沿海环境影响评价制度，落实环保措施，避免新污染源破坏沿海生态环境；建立沿海环境评价体系和环境质量信息系统，增强沿海生态环境监测的整体能力建设，为沿海经济发展创造优良的生态环境，实现经济、社会、生态效益的统一，促进沿海经济的可持续发展。

（三）岸线和滩涂的开发保护

科学合理地利用岸线资源。依据海洋功能区划，制定海域使用保护规划，做到深水深用、浅水浅用，科学合理地利用岸线资源，深水岸线优先保证港口和临港工业建设需要；具有景观特色的岸线优先用于发展滨海旅游业，同时给海水养殖等渔业发展留下必要空间，为沿海渔民保留必要的生存和发展条件；协调港口、航运、渔业、围垦、临港工业等开发活动，加强海洋资源保护和管理，保证海洋资源可持续利用。

滩涂资源开发利用和保护。根据省级、市级海洋功能区划，编制滩涂围垦规划和水域滩涂养殖规划，实现滩涂资源可持续利用，妥善处理防汛、泄洪、港口、海洋运输、水产养殖等诸方面的关系，做到与沿海区域经济布局和相关规划相协调，在开发滩涂的同时，重视和做好沿海湿地资源和野生生物物种的保护。

强化沿海生态建设和修复。加强对射阳沿海侵蚀性岸线生态整治修复，实施海堤补充完善工程，巩固侵蚀段海堤；提高区域防洪除涝能力，实施射阳河整治工程，扩大排水入海入江出路，开展滨海湿地修复，以种植柽柳、芦苇、碱蓬为主，建设百里绿色廊道，重点修复滨海浅滩湿地。

（四）防灾减灾能力的提高

不断提高防灾、减灾能力，保障海洋经济的健康发展，强化沿海灾害监测预报工作，建立观测、监测体系，完善沿海监测预报信息的发布、接受等网络，防止台风、寒潮、浓雾、风暴潮等给沿海经济发展和人民生命财产造成重大损失；通过工程和生物措施，加强海堤建设，增强抵御风暴潮的能力，加强沿海生态环境预警、预报工作，保护生态环境，开展赤潮监测、预报，预防赤潮灾害发生，减少赤潮造成的经济损失；完善海上应急和搜救队伍建设，提高搜救队伍的装备水平，完善通信网络建设，把各种自然灾害和突发事件造成的损失降低到最低限度。

六 实现射阳沿海经济战略的保障措施

（一）创新沿海开发机制，构建沿海开放型经济体系

完善沿海开发总体规划、产业规划和节点规划，加强与射阳总体规划、区域规划和各类专项规划的有序衔接，规划好港口、港产、港镇的建设布局。建立健全沿海港口岸线、风光、滩涂、盐田、垦区等战略性资源利用项目的预审和评估制度，优化资源管控和有效利用。积极寻求与大企业、大集团合作共建港口码头，挂大靠强，实现合作共赢，推进沿海开发投融资体制机制创新，破解资金瓶颈。完善沿海经济区行政管理机制。

适应经济全球化新形势，加快构建开放型经济体制，坚持引进来和走出去相结合，推动对内合作、对外开放，相互促进、相互提升，加快构建开放、包容、活跃的经济新体制。建立公平的市场竞争环境，按照"非禁即入"原则，支持非公有制经济持续健康发展，深化国有等各类企业改革，建立健全公司法人治理结构，建立培育和发展战略性新兴产业体制机制，创新发展现代服务业，加快传统产业新型化发展进程，加快经济开发区、射阳港经济区、纺织染整产业园三大园区和全民创业园载体平台建设，增强项目承载力和吸引力。加强与上海、苏南等地工业园区合作共建，探索建立与上海自贸区内总部经济产业联动发展机制，完善沿海开发组织领导、目标责任、考核评价体系。申报国家一类开放口岸，优化岸线等沿海资源管控和有效利用，加强沿海道路、铁路等基础设施的规划立项和建设，优化沿海重大产业项目推进机制，全力打造沿海经济增长极。

（二）完善集疏运体系，提升港镇服务功能

完善集疏运体系建设。在航空方面，加快射阳通用机场建设，填补射阳航空输运空白；在水路方面，利用黄沙港以及射阳河联系通榆运河，接入区域大通道，实现河海联运；在公路方面，"十三五"重点建设射阳港区铁路支线、疏港高速、南作业区连接线、北港区至临海高等级公路连接线、S233东延、S348射阳临海至阜宁城北段、S232盐城段等工程，提升路网等级标准，实现沿海和内陆的快速集疏运；在铁路方面，继续推进连盐铁路射阳段建设，适时启动建设射阳港铁路支线，形成连接南北的快速通道；提高港口、铁路和公路等基础设施建设的信息化水平，以信息化推动交通设施的升级换代。

围绕打造"高效能行政服务区、高品位商业服务区、高产出创业服务区"，完善配套设施建设和综合服务功能建设，打造港口城镇体系；引进多元化投资主体，共同参与港镇开发建设，积极搭建科技研发、金融服务、电子商务、休闲娱乐等等生产服务平台，满足产业发展的各项需求；加大投入，全力打造创新创业载体，激发活力，优化沿海发展环境，加大港镇宣传推介，建设活力港镇。围绕建设现代沿海经济强市的目标，以科学发展观统领沿海经济发展，实现思想四大转变：从陆域国土空间转变为海陆一体的空间思想，从追求陆域经济效益、大陆经济思想转变为多层次、海陆资源综合开发的现代沿海经济思想，从片面追求经济效益转变为发展经济和生态建设并举思想，从单纯发展沿海经济转变为发展沿海经济和弘扬海洋文化并举思想，统筹协调，推动沿海经济强县建设。

（三）提高沿海经济创新能力，统筹沿海经济发展

实施科技兴海是加快沿海经济发展的必然选择。加大对沿海新兴产业的扶持力度，增加创新投资，延伸产业链，提高经济规模和国际竞争力。鼓励沿海企业提高自主创新能力，推进沿海产业技术创新战略联盟建设，形成产学研结合的沿海开发体系。积极争取国家级沿海科技示范园建设项目，建立科技创新服务中心和沿海信息服务体系，加大科研成果转化和实用技术开发、应用和推广，完善科技创新激励制度，鼓励科技要素参与收益分配，加速技术要素市场化进程，培育、扶持、规范和完善科技中介服务。加快落实沿海教育和科研机构建设，强化人才队伍建设，加快沿海科技人员的培养，引进高层次沿海科技和管理人才。

沿海经济覆盖第一、二、三产业，涉及国民经济方方面面，涉海行政部门众多，为了使各涉海产业协调发展，射阳在编制沿海经济发展规划、提高综合调控能力的同时，要进一步与沿海县（市）、区其他管理部门相协调，切实履行沿海综合管理职能。统筹协调和引导射阳沿海开发活动，加强对沿海经济发展中重大决策的执行、重大工程项目的协调、重大政策和措施的落实，以保证沿海经济强市战略的顺利实施。加大体制创新力度，大力推行镇区合一的新体制，为沿海经济发展营造更好的氛围，全面实施沿海开发战略，拓宽沿海基础设施建设和沿海产业发展的投资、融资渠道，鼓励和吸引国内外投资者依法平等参与沿海经济开发，形成多元化投融资新格局。加大专项资金投入，增加沿海基础设施建设、沿海公益事业、沿海产业结构调整等方面的投入，大力支持、积极鼓励社会和个人特别是大企业、大集团投资沿海产业，使沿海经济的开发主体和开发项目多元化。

（四）强化沿海管理，切实保护沿海资源环境

严格执行《海域使用管理法》《海洋环境保护法》《渔业法》等法律法规，加强沿海综合管理，进一步规范沿海开发秩序，依法审批和监督各类沿海开发活动。射阳要加快海域使用管理信息系统建设，科学指导沿海资源综合开发和沿海环境保护，实施污水达标排放和总量控制等措施，减轻沿海污染。严格执行涉海项目的沿海环境评价制度，加强滩涂围涂科学论证和审批，加强执法队伍建设，进一步强化海上执法管理，确保各项法律法规的贯彻实施，理顺各涉海部门关系，依法治海，使沿海资源的开发、管理走向法制化和科学化。

第十二章　蓝绿协同：射阳现代产业体系的构建

一　射阳的产业基础

经过改革开放40年的发展，射阳的产业体系拥有了较为坚实的基础，经济综合实力显著增强，产业结构调整步伐不断加快。2017年，射阳全县二三产占GDP比重达82.8%。

现代工业体系初步建成。射阳工业经济稳步发展，初步形成了机械制造、高端纺织染整、健康食品、新型建材、新能源及其装备、航空装备等特色产业，获评"中国纺织产业基地县"、江苏省唯一的国家级绿色染整研发生产基地。2017年全县实现规上工业总产值748.9亿元。

现代服务业提速发展。幸福华城、恒隆广场等一批重大服务业项目建成运营，现代物流、生态旅游、电子商务、金融保险等新兴服务业态快速发展，息心寺建成国家4A级景区。5个服务业集聚区也雏形初现。

现代农业加快发展。2017年，射阳粮食产量实现十三连增，连续获评全国粮食生产先进县，多次获评省发展高效设施农业先进县，高效农业面积达140万亩，绿色优质农产品比重达到75%。

科技创新深入推进。2017年，射阳科技进步贡献率超过54%；企业专利申请总数上升至2000件，同比增长72%，授权数上升至328件，增长87.4%。万人有效发明拥有量上升至2.2件，增长233%。

当前，尽管随着中国经济发展阶段的转换，劳动密集型产业和重工业都面临着产能过剩和转型升级的压力，射阳传统优势产业也受到了较大冲击。然而，这些产业集群的存在，仍然为射阳提供了转型升级的基础，通过提高研发能力和产品附加值，走高端品牌的发展道路，完全可以使射阳的产业发展获得质的飞跃。同时，射阳相关的产业基础，还为产业链招商提供了条件。

二 射阳现代产业体系的选择

当前，射阳制定了未来产业的发展规划，通过现代产业发展促进城市功能提升，以城市功能提升带动现代产业发展，超越产业发展单纯的经济属性，使之上升到功能属性的层面，真正发挥对经济、社会和城市发展的推动作用。

射阳坚持调高调轻调优调强调绿的导向，突出新产业标杆引领、新业态提速发展、产业链拓展深化，加快产业高端化、高技术化和服务化发展，着力构建以战略性新兴产业为先导、先进制造业和现代服务业为主体的现代化新型产业体系，提升产业竞争力。主动适应市场调整新需求、消费升级新变化和科技进步新趋势，落实"中国制造2025"江苏行动纲要、盐城市转型升级十大工程，以"两区两镇"为主要载体，引导工业经济转型升级，推动射阳向"工业强县"跨越。

为了突出战略性新兴产业先导性和支柱性，发挥创新驱动关键作用，射阳以重点园区为主要载体，采用前景好、容量大、效益高的新技术、新业态、新模式，选择培育拥有自主核心技术、发展成长性强、代表未来方向的战略性新兴产业集群。重点发展新能源及其装备制造、航空装备、电子信息、节能环保等战略性新兴产业，建成一批特色鲜明、具有较强竞争力的新兴产业集群和基地，以智能制造、绿色制造为主攻方向，培育发展智能制造、下一代互联网、4G（5G）通信等新兴产业，积极实施新兴产业标杆引领发展行动，招引一批龙头引领型重大项目，引领新兴产业快速发展。重点打造射阳港新能源及装备产业园、经济开发区航空产业园、经济开发区电子信息产业园、合德韩资产业园等载体，成为射阳重要新兴产业集聚区。

三 射阳现代产业体系的构建

射阳制定产业发展规划的原则主要体现在以下四个方面：一是持续提升已有优势产业的支柱地位，主张"以变应变"，鼓励这些产业通过自主创新不断向产业价值链的高端跃进；二是通过招商完善产业链，以有重大影响力的高端项目带动相关产业的发展；三是根据中国发展阶段的变化，审时度势，积极发展符合射阳环境条件的新兴战略产业和现代服务业；四是充分发挥射阳在江苏省和盐城市的独特地理区位，高起点谋划功能区的建设，并以高端功能区吸引产业活动主体的进驻以快速形成产业集聚。

遵从以上四个原则，射阳制定了新时期的现代产业规划，并明确了各产业应承担的城市功能，与高质量跻身江苏沿海县域第一方阵目标相呼应。其主要内容包括：一是新能源装备制造、航空装备、新型建材、电子信息、节能环保等新兴产业，二是机械装备、高端纺织、食品等传统支柱产业，三是物流、创意、金融服务、电子商务、社区服务等城市服务业，四是黄沙港渔业、明湖文化旅游、射阳港物流园等服务集聚区，五是粮食、中医药、大蒜、奶牛、林果、渔业等现代农业产业。如果这样的产业规划目标能够实现，射阳就能够在传统支柱产业、新兴制造业、城市服务业和服务集聚区，现代农业等各方面形成突破，建立起比较完善的现代产业体系，并会有效承担研发、生产、商贸和旅游等城市功能，实现"十三五"进入江苏沿海县域第一方阵的宏伟目标。

（一）新兴战略产业发展体系

新能源及装备制造。充分发挥射阳沿海港口资源、风能资源、秸秆资源、滩涂资源、环境容量等方面的优势，主要发展陆上风电场、海上风电场、太阳能发电地面电站和分布式电站。未来新规划一批风电主机、塔筒、导管架、风叶、法兰等配套产业项目，加快建设陆上海上双百万千瓦风电场和新能源装备产业项目。在半导体照明技术及应用方面，主要围绕规模化生产的关键技术及关键材料，重点开发大功率型高亮度LED芯片制备和封装技术、白光稀土发光材料制备技术，加快半导体照明重大应用产品的开发。

航空装备。以打造江苏省通用航空飞行基地为目标，在通用机场建设基础上，建设相关附属配套设施，重点发展通用飞机制造、组装、零部件等领域，配套发展航空培训、旅游、救援执法等航空服务，重点打造航空产业园。

新型建材。重点发展石材加工产业，着力培育金属制材、防水材料、保温材料、环保新材料（建筑新材料、生物工程塑料）等，形成以"石材加工、新型墙材"为主导，以现代物流相配套的产业体系，重点打造射阳港新型建材产业园。

电子信息。重点引进新一代移动通信网络设备、下一代互联网设备、下一代广播电视网设备、数字通讯与网络产品、软件与信息服务、电子元器件、电子仪表等，重点打造经济开发区电子信息产业园。

节能环保。重点发展垃圾安全处置与资源化利用、秸秆综合利用、废旧钢材加工、节能环保光源、固体废弃物利用等，巩固发展硅片切割废液和硅材料综合利用，重点建设海河镇友普环保科技园、射阳港经济区再生资源循环利用产业园。

（二）传统支柱产业发展体系

机械装备。以数字化、智能化和精密化为主攻方向，融入智能制造、绿色制造、高端制造理念，加强重要产业关键装备的自主研发和引进消化吸收再创新，大力发展汽车配件产业，重点发展新能源装备、海工装备、高档数控机床、智能电网设备、机器人、游艇制造、船舶辅机、起重设备、高端齿轮制造、电梯制造、节能电器和高效照明产品、智能化探伤机设备等，未来五年重点规划建设精密数控机床产业园、盘湾汽配产业园、合德汽配电子产业园。

高端纺织染整。尽力贯穿环保、绿色发展理念，加大科技创新力度，积极提升现有传统纺织产业，加快发展高端纺织、高端染整、高档面料、特色毛毯、品牌服装和家纺，积极引进以长丝织造为主的羽绒服面料等产业项目。围绕争创省级高新区，全面植入绿色智慧元素，着力发展纺织全产业链集群，推动纺织产业向高档家纺、品牌成衣等价值链高端延伸，配套完善纺织科创园、题桥产业园、康平纳智能工厂等载体功能，建成省级两化融合示范基地，新开工亿元以上项目 16 个、其中 10 亿元以上两个。尽管如此，由于发展阶段的更替，中国的纺织服装业面临着发展速度放缓、亟须转型升级的困难，2008 年以来，全国规模以上纺织服装、服饰业企业增加值和利润总额的增速都呈现明显的放缓趋势，2006 年和 2007 年，全国规模以上纺织服装、服饰业企业增加值的实际增速都达到 16.8%，2015 下降到只有 4.4%；2008 年，全国规模以上纺织服装、服饰业企业利润总额的增速达到 36.5%，2015 年下降到只有 4.7%。受全国形势的影响，服装纺织业的发展速度也呈现出下滑趋势。

健康食品。以绿色有机为理念，以完善产业链为目标，融入生物技术，大力推进全产业链乳品产业集群项目，大力发展粮油加工、麦芽、海洋生物、生物饲料、生物发酵制品、生物基材、保健食品、冷链物流等产业，着重打造射阳港健康食品产业园。

（三）现代服务业发展体系

现代物流。依托港口、临海高等级公路、沿海高速以及连盐铁路等综合交通优势，着力发展现代物流业，做大做优河海联运物流，鼓励发展第三、四方物流及供应链服务企业，培育扶持金融物流、商贸物流等业态，鼓励物流服务外包，支持连锁经营、专业化配送、大型批发采购分销网络等现代商业组织，完善物流基础设施，打造物流信息共享平台，重点建设射阳港现代物流园（含河海联运物流园）、高速道口物流园、铁路物流园、辉山华东物流中心、粮食仓储物流等项目。

创意研发。实施文化精品工程，以文化园区的打造和骨干企业的培育为抓手，推动文化产业集聚区的建设，提升文化产业规模化、集约化、特色化水平。培育壮大软件研发产业，扶持发展大数据、信息软件研发、科技研发孵化，重点建设软件开发中心、文化创意中心、企业科技研发孵化中心。主要建设盘湾文创园项目、新城区软件园项目、草编文化园、后羿文化街区项目以及建筑设计院项目。

金融服务。加快引进全国股份制银行和城市商业银行来射设立分支机构，强化民资、股份制银行招引，积极稳妥发展小额贷款公司，实现镇区全覆盖；积极引进设立证券公司、保险公司、期货公司、财务公司、基金公司、风投公司、创投公司等金融机构和组织，推进金融创新，扩大融资规模，壮大金融产业，提升金融对经济社会发展的支撑服务能力。

电子商务。以电子商务平台建设为抓手，大力推进电子商务普及应用，加强电子商务配套体系建设，培育电子商务应用企业，鼓励企业通过自建平台或入驻第三方平台，积极拓展产品销售渠道，支持基础好、潜力大、成长快的电子商务企业，创新商业模式，整合优势资源做大做强。鼓励传统企业分离设立电子商务企业，鼓励电商"个转企""下进上"。在农村地区，积极鼓励实施"一村一品一店"工程建设，力争"一村一品一店"实现全覆盖，将打造成为省级电子商务进农村综合示范县。

商贸服务业。以提升城市功能为目标，改造提升商贸服务业，向专业化、现代化、信息化和国际化发展，积极引进和建设大型服务业企业和连锁、特许的品牌经营项目，构筑多层次的城乡商贸服务体系。加快发展"互联网＋商贸服务业"，推进互联网进农村、进社区、进开发区、进专业市场、进商贸物流、进国际贸易，推进各行各业线上线下交易的有机结合，鼓励发展网络零售业务，以及电子商务、电话订购和城市配送于一体的同城购物。继续推进现有农贸市场升级改造，继续实施"万村千乡"市场工作，构筑便民、利民、覆盖各村的村商贸服务体系，优化和调整现有商贸服务业业态和布局，构建由商业中心、居住区商业、城镇商业、特色商业街等构成的商贸等级体系。

社区服务业。为适应人口老龄化和生活节奏加快的趋势，率先发展社区服务业，支持社区服务向专业化、公司化、品牌化方向发展，并逐步面向农村尤其是中心镇，构建多层次、多形式的社区服务体系，主要发展家庭用品配送、家庭教育、家庭医疗、心理咨询、母婴护理、社区养老等特色服务，积极培育发展居家养老，为居家老年人提供助餐、助浴、助洁、助急、助医等定制服务，加强市场监管，规范社区服务业市场秩序，使其成为增加就业、服务民生、扩大消费、调整产业结构、构建和谐社会的重要产业。

（四）现代农业发展体系

粮食产业。通过稳面积、提单产、抓品质，主推优新品种和先进技术，保障粮食产出，大力发展粮食精深加工、物流仓储，全面提升"大米"的品牌竞争力和市场占用率。

中药材产业。大力发展杭白菊、金银花、猫抓草、黄蜀葵、栝楼等药食两用品种，延伸产业链条，通过自研、合作等多种途径向药品研发、功能食品生产等领域拓展。

大蒜产业。进一步扩大种植面积，提升设施种植比例，研发蒜素、蒜片、蒜粉等深加工产品，拓宽产品销售渠道，提升品牌竞争力。

蔬菜产业。强化新品种引进、示范和推广，优先发展设施蔬菜、蔬菜育苗、有机蔬菜，打造有机绿色蔬菜基地县。

奶牛产业。以辉山乳业10万亩牧草种植基地为依托，拓展牧草和青贮饲料种植面积，以辉山液态奶加工厂为基础，重点发展配方奶、婴幼儿奶粉等乳制品深加工，提高产品附加值。

畜牧产业。以规模畜牧业健康生态养殖为方向，优先发展规模化生态养殖及良种繁育，加快压缩调减一家一户分散养殖。大力培育生态畜牧业省级以上品牌。

蚕桑产业。优化蚕桑布局，引进改良优新品种和养殖技术，鼓励加工企业增加投入，强化技改扩能，扩大订单种养面积，做强茧丝绸产业，研发推广桑叶茶、桑葚果等产品，增加蚕农收益。

林果产业。优先发展种养复合经营的经济林、速生丰产林、林业药材、林业旅游、竹藤花卉、野生动植物开发利用等林业产业，优先发展沿海耐盐碱树种引繁推广、商品盆景（或盆栽）生产，优先发展优质水果生产及选果清洗分级包装、保鲜贮藏与加工业。

渔业产业。采取扩大设施水产养殖面积，重抓大闸蟹、黄颡鱼等名特水产育苗业，推进苏·台"海峡两岸"渔业合作示范区建设，促进水产加工业提档升级，联合科研院所研发沙蚕素萃取技术，发展海洋医药产业，提升水产业在全省影响力。

生态休闲产业。制定了休闲观光农业发展规划，完善休闲观光旅游设施，打造一批乡土特色休闲观光旅游景点。发展农业文化产业，鼓励依托传统农业、沿海渔业等元素，发展创意农产品，建设创意农庄，结合"美丽乡村"建设，开展"一镇一最美乡村、一镇一最美社区"创建活动，打造城乡统筹新亮点。

四　射阳建设现代产业体系的战略要点

射阳在紧扣"3＋3"主导产业，推动实体经济提质增效，加快建设现代化经济体系的过程中，重点做了以下几个方面工作：一是大力推进产业招商，按照招商队伍专业化、招商活动精准化和招引项目高质化的要求，强化"一自认三在先"，建立重点区域、重点产业、重点企业库，探索建立以商引商、代理招商等激励机制，以"四千四万"劲头主攻引领转型升级、提升产业优势、补强薄弱环节的重大项目。2017年新洽谈亿元以上项目200个，其中10亿元以上25个；新签约亿元以上项目130个，其中10亿元以上15个。二是着力壮大现有企业。实施星级培育、品牌创建、嫁接重组等行动计划，滚动培育20家行业龙头企业和30家成长型企业，打造一批"旗舰型""小巨人"企业。2017年嫁接重组企业10家，新增开票销售超10亿元企业5家，其中超30亿元1—2家，新增规上企业45家、省级以上名牌10个以上，创成工业星级企业9家。三是全力加快项目建设。开展项目帮办"镇区行"行动，建立任务、问题和责任清单，做到服务高效率、对接无缝隙。开展"亮项目、比速度、评服务、晒成绩"行动，实行每周一通报、每月一过堂、双月一观摩、每季一分析、半年一述职。2017年新开工亿元以上项目100个，其中10亿元以上8个；新竣工亿元以上项目60个，其中10亿元以上3个；完成新上工业项目投资120亿元，其中设备投入60亿元以上；新达产开票销售超千万元项目40个以上。

射阳当前处于整合已有产业、开拓新的产业、重塑支柱产业的发展阶段，通过产业结构的调整和支柱产业的培育，构建更加符合发展方向的现代化产业体系，是射阳实现发展愿景和功能定位的重要支撑。为了紧扣推动高质量发展，奋力实现跻身江苏沿海县域第一方阵的良好开局，射阳建设现代经济体系需要牢牢把握以下几个层次：

（一）发展"六大经济"，打造经济增长新引擎

坚持做实基础、做大总量、做优质态，构建多极支撑的县域经济体系。

加快发展智创经济，组建射阳智能制造创新中心，探索建立"不求所在、但求所用"的离岸研发模式。推进"互联网+制造业"融合发展。鼓励企业建立以云计算、物联网、大数据为方向的工程技术中心、院士工作站等智创载体。梯次培育高新技术企业。开展新技术、新工艺、新装备、新材料"四新"技改行动，实施智能制造"三十"示范工程。

加快发展城市经济。以壮大城市新兴产业、提升城市开发层次、建设城市开放载体、完善城市功能配套、聚合城市人口资源、激发城市经济活力为要求，坚持重点向南的城市发展战略，高标准提升城市总体规划和组团专项规划，加快发展城市开放型、智慧型、生态型、民生类经济，着力培育现代商贸、金融科技、文化旅游、电子商务、楼宇经济等新业态，加快推进爱琴海购物公园、红星美凯龙家居广场、金融商务CBD、韩文化体验中心等重点工程，精心打造韩风国际城核心商圈，不断提升城市资源开放开发综合效益。

加快发展外向型经济。坚持高水平引进来、大踏步走出去，主攻欧美日韩及港台等外资密集区，优化产业链招商、中介招

商、基金招商等方式。推动对外贸易向"优进优出"转变，加快培育远景智慧能源等外贸新增长点，提高高新技术产品出口比重。建立海外本土化平台，鼓励有条件的企业走出国门拓展业务。

加快发展海洋经济。高起点编制射阳现代海洋经济功能区规划，高水平推进绿色产业带、特色城镇带、生态风光带和现代产业港"三带一港"建设，打造百里黄金海岸经济带。大力培植海洋新能源、海洋工程装备、海洋生物制品、海水淡化与综合利用以及港口保税物流等特色海洋产业。尽快推动海洋经济生产总值突破200亿元，争创省级海洋经济创新示范园区1个以上。

加快发展三农经济。坚持以标准化、高效化、现代化为方向，加快提升农田农水、农机装备、农产品等全过程标准化水平，改造碎片圩区，建设更多高标准农田面积。更大力度压粮减油扩特经，重点建设有机果蔬等标准化农业示范园，打造循环农业等高效农业示范带。加大新品种、新技术、新模式的推广应用，提高现代农业发展水平。持续推进"接二连三"工程，大力培育领军型、旗舰型农业龙头企业，着力打造射阳大米、健康食品、现代水产3个百亿级特色产业加工集群。

加快发展财税经济。设立扶持实体经济发展奖补资金。实施土地利用效率和产出效益"双提升"计划，推进"零用地"改造，提升工业企业亩均产出率。加快发展金融保险和总部经济，引入大型国企、知名民企设立区域总部，培育纳税超千万元总部经济企业。

（二）打造"六高"功能区，构建开放开发新格局

高起点打造创新创业先导区、功能配套样板区和财税增收贡献区。

"高新"射阳经济开发区。要围绕争创国家级开发区，着力培强航空装备、机械电子、健康食品等特色产业，集聚航空装备、智能终端、新能源汽车等高精尖产业项目，推进南京大学科技园、电子信息产业园、航空科技城和武进工业园建设，有序南拓园区空间，打造省级新型工业化产业示范区，建成全市甲等园区。

"高大"射阳港经济开发区。围绕建成省级经济开发区，着力做大新能源及其装备、新型建材、健康食品等特色产业，引进行业龙头企业和产业链上下游配套项目，推进远景风电装备、健康食品、膜科技、石材等"区中园"和能源物联网小镇建设，打造全国一流新能源产业基地和新能源装备基地。

"高端"纺织服装产业区。围绕争创省级高新区，全面植入绿色智慧元素，着力发展纺织全产业链集群，推动纺织产业向高档家纺、品牌成衣等价值链高端延伸，配套完善纺织科创园、题桥产业园、康平纳智能工厂等载体功能，建成省级两化融合示范基地。

"高清"临港新城区。围绕高品位设计、高质量建设、高水平经营、高标准管理、高速度推进，打造空气清新、河水清澈、灯光清晰、环境清洁、政务清明的"沿海魅力新港城"。以"市场急需、市民急盼"为取向，组织实施城市精品工程，扎实开展水环境治理、棚户区治理、违建治理和城市绿化亮化美化及智慧交通、智慧城管、城市文化提升"三治三化三提升"专项行动，重点实施店招店牌规范化、黑臭河整治、生活垃圾分类处置等十大治理服务工程，加快推进金贸大街、现代商务等十大城市开放开发组团，重点实施安徒生童话乐园、文化传媒中心等城市建设项目，打造幸福大道、开放大道两条靓丽主轴线，形成"人在城中、城在林中、月亮挂在树梢头"的美丽景观，不断提升港城吸附力和远程号召力。

"高上"生态旅游示范区。围绕打造长三角地区最有影响力的休闲旅游目的地，坚持世界眼光、国际标准，以科学规划引领日月岛生态旅游区建设，突出造景、造形、造势，加快推进万亩环岛绿廊、微地形改造等重点工程，加大旅游招商宣传推介力度，打造有生态、有业态、有故事、有特色的国家级旅游度假区。同步推进射阳河口风景区、渔文化旅游区等景点建设，打造一批全省星级乡村旅游区，争创中国最美生态文化旅游名县。

"高效"海峡两岸渔业合作示范区。围绕争创国家级基地，深化与台湾农渔业交流投资协会的合作交流，加快建设市场交易、功能支撑、境外交流三大载体，努力提升渔船停泊、渔业加工、港城综合开发三大能力，推动形成水产养殖、海洋捕捞、精深加工、贸易集散"一条龙"全产业链，实现水产品年交易量20万吨以上。

（三）营造"六优"营商环境，展现和谐有序新形象

坚持把创优营商环境作为推动高质量发展的基础性工程，不断提升区域综合竞争力。

营造优良的交通环境。加快构建现代化综合交通运输体系。完成通用机场仪器设备联调联试和校飞取证，实现实质化运营管理。加快建设5万吨进港航道及码头等工程，获批一类扩大开放口岸，建成国家中心渔港二期工程，完成疏港铁路前期工作，建成盐连铁路射阳客运枢纽。力争开工建设盐射疏港高速，启动实施沈海高速兴桥互通至国道228连接线、省道232、348射阳段等工程，研究制定省道226射阳段改线和省道231东延线路方案，形成"五纵五横"干道网。

营造优良的法治环境，深入实施"七五"普法，开展"法律六进"等群众性法治文化活动，造浓全民学法、自觉守法氛围。坚持依法行政、依法治权、职权法定，实行权力清单、责任清单、负面清单动态管理，创成省级法治建设示范县，争创全国法治创建先进县。

营造优良的诚信环境,常态化开展诚信创建示范点和诚信承诺活动,建立信用联合惩戒、经营异常名录等制度,构建不敢失信、不能失信、不愿失信的机制,在全社会营造"守信光荣、失信可耻"的氛围。

营造优良的政务环境,深化"一卡双选三带"贴心服务机制,开展企业服务"直通车"等系列活动,构建"亲""清"新型政商关系,当好服务企业的"店小二"。高标准建设政务服务中心,大幅压减各类中介服务事项,打造办事效率最高、创新创业活力最强的区域。

营造优良的人文环境。大力培育和践行社会主义核心价值观,深入实施公民理想信念教育和思想道德建设,用中华传统美德成风化俗,加快构筑道德风尚建设高地。加强官德师德医德建设,广泛开展最美射阳人、百佳月嫂、百佳护工等典型评选,着力强化"好人长廊""有爱射阳·最美鹤乡"榜教育功能,不断擦亮"一个真实的故事,一座有爱的小城"标志性名片。营造优良的生态环境,严守生态红线,深入推进"263"专项整治,坚决打赢大气、水、土壤污染防治三大战役,争创国家生态文明示范县。全面推进造林绿化"3557+"工程,做足"生态+"文章,高标准建设日月生态绿岛、金海国家森林公园等3个万亩林场,打造5个千亩以上苗木基地,推动生态效益、经济效益、景观效益相得益彰。

(四)深化五项改革,增强经济发展新动能

聚焦重点领域和关键环节,推动改革全面提速、全面发力。

深化农业农村改革,积极开展"三权"分置试点实践,完成改革试点村(居)30家以上。推进经营性资产确权到户和股份合作制改革,规范全县农村产权交易市场建设。大力发展"公司+家庭农场"等农业产业化联合体。

深化国资国企改革,完善现代企业制度,实现监事会全覆

盖，完成旅投、农水投 AA 级信用评级。支持县属国有实业参与城市资产资源开发和公益设施、能源工程、农业产业化等项目建设。

深化行政审批制度改革，大力推进"放管服"改革，加快政务服务"一张网"建设，全面推行"一窗受理""不见面审批"服务模式，打造"24 小时自助政务服务大厅"，实现各类公共资源交易全程电子化。

深化投融资改革，建立县综合金融服务网上平台，设立 10 亿元产业投资引导基金，探索建立"资源＋产业""园区＋基金""产业＋基金"等合作模式。加大招商引行力度，力争招引 1—2 家国有或股份制银行来射设立分支机构，建立"以存引贷"管理机制。"一企一策"推动企业上市。

深化园区体制机制改革，推动经济园区"去行政化"，将公共服务和社会服务职能下沉到街道（社区），强化园区发展经济职能。建立园区实绩考核评价体系，打通人员能进能出、职务能上能下、待遇能高能低的通道。

后　记

2018年6月，由我主持承担的中国社会科学院国情调研重大项目《健全绿色低碳循环发展的经济体系调研》通过中国社会科学院的专家评审正式立项。自此我们以中国社会科学院财经战略研究院研究人员为主组建的团队开始了案头研究、收集典型案例和开展实地调研的相关研究工作。

在收集典型案例的过程中，江苏省盐城市射阳县绿色发展的案例进入我们的视野。经与射阳县发展和改革委员会协商，我们研究团队部分成员（杜志雄、吕风勇、王新玲、姚博、张彬斌）三赴射阳，在深入调研和仔细剖析这个典型案例的基础上，形成了摆在读者面前的这部《区域协调共潮起，绿色发展伴鹤飞——探秘高质量发展之路上的"射阳现象"》的调研报告。

在改革开放的前期，射阳曾一度以其经济增长的突出成就名列苏北盐城下属县市的前三甲。但从"十二五"时期开始，射阳经济发展跌入低谷，社会几近陷入混乱无序的状态。2015年后，随着新一届县委、县政府主政射阳，在较短的时间内射阳经济与社会发展经历了一个明显的"V"型转变，重新名列苏北县域经济发展前列。更为重要的是，射阳这一次由低谷到重新崛起的凤凰涅槃，还是基于绿色发展的底色调实现的，它充分体现在发展过程（产业生态化和生态产业化）、发展结果（发展形成的利益更多地为人民所获得）以及发展治理理念（政府和老百姓共同提升的共建共治共享的思想和意识）的绿色化。

从研究的角度看，"射阳现象"不失为一个值得深入研究和系统探讨的发展案例。比如，"射阳现象"在新的发展阶段是如何彰显绿色发展由理论到实践、由理念到行动的威力的？射阳的绿色崛起是偶然的还是一种发展的必然规律？在基层落实绿色发展理念需要怎样的条件？绿色发展与高质量发展的关联和关系是什么？等等。对这些问题进行深入探讨得出的结论，对于整体推进党的十八大以来提倡的五大发展理念具有十分重要的意义。

本报告还只是一个关于"射阳现象"的初步总结。由于思想和理论水平的限制，加上时间、资料等条件约束，其中一定不乏浅陋甚至错误。热忱欢迎广大读者批评指正！

最后，感谢中国社会科学院副院长蔡昉研究员在百忙中阅读书稿并为本书作序。同时也十分感谢射阳县委、县政府的主要领导对本项研究的支持和指导，尤其是要感谢射阳县发展和改革委员会尤国勋等同志对于本项调研工作的组织和协调。中国社会科学院财经战略研究院研究团队全体同志为本书写作付出了辛勤努力，特别需要指出的是，吕风勇博士为这项研究做出了突出贡献，他从调研设计、团队协调、调研组织到提纲确定、主题凝练等都做了大量的具体工作，一并向全体团队成员表示感谢！

杜志雄
2019年2月20日